从诺依曼谈人工智能

刘枫　主编

黄河出版传媒集团
阳光出版社

图书在版编目（CIP）数据

从诺依曼谈人工智能 / 刘枫主编 .—— 银川：阳光
出版社，2016.7（2022.05重印）
（站在巨人肩上）
ISBN 978-7-5525-2799-5

Ⅰ.① 从 … Ⅱ.① 刘 … Ⅲ.① 诺 依 曼，
J.V.（1903~1957）– 生平事迹 – 青少年读物② 人工智
能 – 青少年读物 Ⅳ.① K837.126.16–49② TP18–49

中国版本图书馆 CIP 数据核字 (2016) 第 181556 号

站在巨人肩上　从诺依曼谈人工智能　　　　刘枫　主编

责任编辑　陈建琼
封面设计　瑞知堂文化
责任印制　岳建宁

黄河出版传媒集团
阳　光　出　版　社　出版发行

地　　址　宁夏银川市北京东路139号出版大厦（750001）
网　　址　http://www.ygchbs.com
网上书店　http://shop129132959.taobao.com
电子信箱　yangguangchubanshe@163.com
邮购电话　0951-5047283
经　　销　全国新华书店
印刷装订　天津兴湘印务有限公司
印刷委托书号　（宁）0020173

开　　本　710 mm×1000 mm　1/16
印　　张　8.5
字　　数　136千字
版　　次　2016年7月第1版
印　　次　2022年5月第2次印刷
书　　号　ISBN 978-7-5525-2799-5
定　　价　35.80元

前　言

哲人培根说过："读史使人睿智。"是的,历史蕴含着经验与真知。

科学的发展是一个漫长的过程,一代又一代的科学家曾为之不懈努力,这里面不仅有着艰辛的探索、曲折的经历和动人的故事,还有成功与失败、欢乐与悲伤,甚至还饱含着血和泪。其中蕴含的人文精神,堪称人类科技文明发展过程中最宝贵的财富。

本系列丛书共30本,每本以学科发展状况为主脉,穿插为此学科发展做出重大贡献的一些杰出科学家的动人事迹,旨在从文化角度阐述科学,突出其中的科学内核和人文理念,提升读者的科学素养。

为了使本系列丛书有一定的收藏性和视觉效果,书中还汇集了大量的珍贵图片,使昔日世界的重要场景尽呈读者眼前,向广大读者敬献一套图文并茂的科普读本。

由于编者水平有限,加之时间仓促,疏误之处在所难免,敬请广大读者批评指正。

编者

目　录

诺曼依的自我介绍

名句箴言

如果你根本不知道自己在讨论什么，那么对其强求精确是毫无意义的。

——冯·诺依曼

自我介绍

我是美籍匈牙利数学家约翰·冯·诺依曼（John Von Nouma），有人把我称为"计算机之父"。1903年12月28日我出生于匈牙利的布达佩斯，父亲是一个银行家，他十分注意对我们的教育。我从小聪颖过人，兴趣广泛，读书过目不忘。我一生总共掌握了7种语言，6岁时就能用古希腊语同父亲闲谈，其中最擅长的是德语。通常我对读过的书籍和论文能很快将内容复述出来，而且若干年之后，仍然如此。1911—1921年，我在布达佩斯的卢瑟伦中学读书期间，崭露头角，深受老师的器重。在费克特老师的精心指导下，我们两人合作发表了一篇数学论文，而此时我还不到18

老年冯·诺依曼

岁。1921—1923年在苏黎世大学学习。在1926年以优异的成绩获得了布达佩斯大学数学博士学位，那年我22岁。1927—1929年，我相继在柏林大学和汉堡大学担任数学讲师。1930年接受了普林斯顿大学客座教授的邀请，1931年成为该校终身教授。1933年我转到该校的高级研究所，成为最初六位教授之一，并在那里工作了一生。此外我还是普林斯顿大学、宾夕法尼亚大学、哈佛大学、伊斯坦布尔大学、马里兰大学、哥伦比亚大学和慕尼黑高等技术学院等校的荣誉博士，是美国国家科学院、秘鲁国立自然科学院和意大利国立林且学院等院的院士。1954年我任美国原子能委员会委员；1951—1953年任美国数学学会主席。

1945 年 3 月冯·诺依曼领导的设计小组发表了一个全新的存储程序式通用电子计算机方案——电子离散变量自动计算机（EDVAC）。随后于 1946 年 6 月，又提出了更为完善的设计报告《电子计算机装置逻辑结构初探》。同年 7—8 月间，他们又在莫尔学院为美国和英国 20 多个机构的专家讲授了专门课程《电子计算机设计的理论和技术》，推动了存储程序式计算机的设计与制造。

冯·诺依曼的父亲麦克斯是一位年轻有为、风度翩翩、勤奋、机智和善于经营的商人，年轻时就已跻身于布达佩斯的银行家行列。母亲是一位善良的妇女，贤惠温顺，受过良好教育。

冯·诺依曼从小就显示出他的数学天赋，关于他的童年有不少传说。大多数的传说都讲到冯·诺依曼自童年起就在吸收知识和解题方面具有惊人的能力。6 岁时他能心算做八位数乘除法，8 岁时掌握微积分，12 岁就读懂领会了波莱尔的大作《函数论》要义。

我们知道微积分的实质是对无穷小量进行数学分析。人类探索有限、无限以及它们之间的关系由来已

5

久,17 世纪由牛顿、莱布尼茨发现的微积分,是人类探索无限方面取得的一项激动人心的伟大成果。300 年来,微积分一直是高等学府的教学内容,随着时代的发展,微积分也在不断地改变它的形式,概念变得更精确了,基础理论扎实了,甚至出现了不少简明恰当的陈述。但不管怎么说,8 岁的儿童要弄懂微积分,仍然是罕见的。上述种种传闻虽然不尽可信,但冯·诺依曼的才智过人,则是与他相识的人们的共识。

冯·诺依曼记忆力惊人,读书常常过目不忘,如他自幼爱好历史,读了不少书,后来成了业余的拜占庭史学家。另外,他还谙熟圣女贞德审讯的详情以及南北战争的细节。他的朋友乌拉姆曾回忆说:"1937 年圣诞节刚过,我和冯·诺依曼驾车从普林斯顿出发,去达克大学参加美国数学家协会会议。当经过文明战争的 4 战场时,冯·诺依曼甚至向我叙述了有关战斗的最细微的情节。他的历史知识堪称渊博,宛如百科全书,而他喜爱的和知道的最详尽的是古代史。"

冯·诺依曼小时候就聪明过人。当时,布达佩斯与柏林之间已经可以通长途电话,布达佩斯市内也架起了电话线。用电话算是个新鲜事,有幸冯·诺依曼家中也使用了电话,他时常摆弄电话,对电话号码本也甚感兴趣。尽管电话号码本不厚，但纸上密密麻麻的四位数号码，往往让人看了头痛，要记住它们并不是一件容易的事，但冯·诺依曼却很容易的就把他们全记下来了。当父亲麦克斯得知自己的孩子有如此之好的记忆力时，也感到十分惊异。

冯·诺依曼十几岁时曾得到一位叫拉斯罗·瑞兹的颇有才华的老师的点拨。他的同学菲尔纳在一封回忆小冯·诺依曼早期学习情况的信中说过："冯·诺依曼的非凡才华引起了瑞兹的注意，他感到冯·诺依曼有超凡的才能，几年来，瑞兹竭尽全力辅导，而冯·诺依曼吸收知识之快，更是非常惊人。现在他感到，再由自己来培养冯·诺依曼，就会心有余而力不足了，必须提醒孩子的父母，采取新的方法。瑞兹认为："再按传统的办法教冯·诺依曼中学数学课程将是毫无意义的，他应该接受大学教师的单独的数学训练。"于是在寇夏克教授的指导下，由当时在布达佩斯大学当助教的费克特对冯·诺依曼进行家庭辅导。

1914 年夏天，冯·诺依曼进入了大学预科班学习，同年 7 月 28 日，奥匈帝国借故向塞尔维亚宣战，揭开了第一次世界大战的序幕。由于战争动乱连年不断，冯·诺依曼全家离开过匈牙利，以后又重返布达佩斯。

当然他的学业也会受到影响。但是在毕业考试时，冯·诺依曼的成绩仍名列前茅。1921年,冯·诺依曼通过"成熟"考试时,已被大家当作数学家了。他和费克特合写第一篇论文的时候还不到18岁。但父亲麦克斯考虑到经济上的原因,请人劝阻年方17的冯·诺依曼不要专攻数学,后来父子俩达成协议,冯·诺依曼便去攻读化学。

其后1921—1925年的四年间,冯·诺依曼在布达佩斯大学注册为数学方面的学生,但并不听课,只是每年按时参加考试。与此同时,他进入柏林大学(1921年),1923年又进入瑞士苏黎世联邦工业大学学习化学。1926年他在苏黎世的获得化学方面的大学毕业学位,通过在每学期期末回到布达佩斯大学通过课程考试,他也获得了布达佩斯大学数学博士学位。

冯·诺依曼的这种不参加听课只参加考试的求学方式在当时是特殊的,就整个欧洲来说也是完全不合规则的。但就是这种不合规则的学习方法,却非常适合冯·诺依曼。冯·诺依曼在柏林大学学习期间,曾得到德国著名的化学家弗里茨·哈贝尔的悉心栽培。哈贝尔曾由于合成氨而于1911年获诺贝尔奖。

就在冯·诺依曼逗留苏黎世期间,常常利用空余时间钻研数学、写文章和与数学家通信。在此期间受希尔伯特和他的学生施密特和外尔的思想影响,他开始研究数理逻辑。当时外尔和波伊亚两位也在苏黎世期间,冯·诺依曼和他们有过交往。一次外尔短期离开苏黎世,冯·诺依曼还代他上过课。聪慧加上得天独厚的栽培,使得冯·诺依曼如鱼得水,茁壮成长,当学生时代结束的时候,他已经站在了在数学、物理、化学三个领域的前沿。1926 年春,冯·诺依曼到哥廷根大学担任希尔伯特的助手。1927—1929 年,冯·诺依曼在柏林大学任兼职讲师,期间发表过集合论、代数和量子理论方面的文章。1927 年冯·诺依曼到波兰里沃夫出席数学家会议,那时他在数学基础和集合论方面的工作已经很有名气了。1929 年,冯·诺依曼转任汉堡大学兼职讲师。1930年他首次赴美,成为普林斯顿大学的客座讲师。善于汇集人才的美国不久就聘冯·诺依曼为客座教授。

当时德国大学里现有的和可以期待的空缺很少,冯·诺依曼曾经推算,在德国三年内可以得到的教授任命数是 3 名,而参加竞争的讲师则有 40 名之多,所以他决定去美国发展。在普林斯顿,冯·诺依曼每到夏季就回欧洲,一直到 1933 年担任普林斯顿高级研究院教授为止。三年内冯·诺依曼果然当上了教授,当时高级研究院聘有六名教授,其中包括爱因斯坦,而冯·诺依曼是他们当中最年轻的一位,当时他只有 30 岁。

在普林斯顿高级研究院初创时间,那里充满着一种极好的、不拘礼节的、浓厚的研究氛围。教授们的办公室设置在大学的"优美大厦"里,生活安定,思想活跃,高质量的研究成果层出不穷。可以这样说,那里集中了有史以来最多的有数学和物理头脑的天才。1930 年冯·诺依曼和玛利埃塔·科茜斯结婚。1935 年他们的女儿玛利娜出生。冯·诺依曼在普林斯顿的家里常常举办时间持续很长的社交聚会,远近皆知。1937 年冯·诺依曼与妻子离婚,1938 年又与克拉拉·丹结婚,丹跟随冯·诺依曼学数学,后来成为优秀的程序编制家。与克拉拉婚后,冯·诺依曼的家仍是科学家们聚会的场所,他们还是那样殷勤好客,在那里人人都会感到一种聪慧的气氛。

二次大战欧洲战事爆发后,冯·诺依曼的活动范围越出了普林斯顿,参与了同反法西斯战争有关的多项科学研究计划。从 1943 年起他成了制造原子弹的顾问,战后仍在政府诸多部门和委员会中任职。1954 年又成为美国原子能委员会成员。

原子能委员会主席斯特劳斯,曾对冯·诺依曼作过这样的评价:"从他被任命到 1955 年深秋,冯·诺依曼都干得很漂亮。他有一种使人望尘莫及的能力,哪怕是最困难的问题到他手里。都会被分解成一件件看起来十分简单的事情……用这种办法,他大大地促进了原子能委员会的工作。"

冯·诺依曼的健康状况一直很好,可是由于工作过于劳累,1954 年他开始感到十分疲劳。1955 年的夏天,X 射线检查出他患有癌症,但他还是不肯停下工作,病势在逐渐扩展。后来他不得不被安置在轮椅上,但就是这样他还是在继续思考、演说及参加会议。长期而无情的疾病折磨,终于慢慢地终止了他所有的活动。1956 年 4 月,他住进华盛顿的沃尔特·里德医院,1957 年 2 月 8 日在医院逝世,享年 53 岁。

冯·诺依曼作为 20 世纪最重要的数学家之一,在纯粹数学和应用数学方面都作出了杰出的贡献。他的工作大致可以分为两个时期:

第一个时期:1940 年以前,主要是纯粹数学的研究——在数理逻辑方面提出简单而明确的序数理论,并对集合论进行新的公理化,其中明确区别集合与类;其后,他研究希尔伯特空间上线性自伴算子谱理论,从而为量子力学打下数学基础。1930 年起,他证明平均遍历定理开拓了遍历理论的新领域;1933 年,他运用紧致群解决了希尔伯特第五问题;此外,他还在测度论、格论和连续几何学方面也有开创性的贡献;从 1936—1943 年,他和默里合作,创造了算子环理论,即现在所谓的冯·诺依曼代数。

第二个时期,1940 年以后,冯·诺依曼转向应用数学方面的研究。如果说他的纯粹数学成就属于数学界,那么他在力学、经济学、数值分析和电子计算机方面的工作则属于全人类。第二次世界大战开始,冯·诺依曼因战事的需要开始研究可压缩气体运动,建立冲击波理论和湍流理论,发展了流体力学;从 1942 年起,他同莫根施特恩合作,写作《博弈论和经济行为》一书,这是博弈论(又称对策论)中的经典著作,也使他成为数理经济学的奠基人之一。

有相当一段时间,冯·诺依曼还对地球大气运动的流体力学方程组所提出的极为困难的问题感兴趣。随着电子计算机的出现,有可能会对此问题作数值研究分析。冯·诺依曼搞出的第一个高度规模化的计算,处理的是一个二维模型,就与地转近似有关。他相信人们最终能够了解、计算并实现控制甚致改变气候。

冯·诺依曼还研究过连续介质力学。很久以来,他对湍流现象一直感兴趣。1937年他开始关注纳维—斯克克斯方程的统计处理可能性的讨论,1949年他还为海军研究部写了《湍流的最新理论》。

冯·诺依曼研究过激波问题。他在这个领域中的大部分工作,直接来自国防需要。他在碰撞激波的相互作用方面的贡献格外引人注目,其中有一结果,是首先严格证明了恰普曼—儒格假设,该假设与激波所引起的燃烧有关。关于激波反射理论的系统研究由他的《激波理论进展报告》开始。

冯·诺依曼还曾提出用聚变引爆核燃料的建议,并支持发展氢弹。

冯·诺依曼不仅曾将自己的才能用于武器研究,还用于社会研究。由他创建的对策论,无疑是他在应用数学方面取得的最令人羡慕的杰出成就。现今,对策论主要指研究社会现象的特定数学方法。它的基本思想,就是分析多个主体之间的利害关系,重视在诸如下棋、玩扑克牌等室内游戏中竞赛者之间的讨价还价、交涉、结伙、利益分配等行为方式的类似性。

关于对策论的一些想法,20年代初就曾有人提出过,但真正的创立还得从冯·诺依曼1928年关于社会对策理论的论文算起。那篇文章中,他证明了最小最大定理,这个定理用于处理一类最基本的二人对策问题:如果对策双方中的任何一方,对每种可能的策略,考虑了可能遭到的最大损失,从而选择"最大损失"最小的一种为"最优"策略,那么从统计角度来看,他就能够确保方案是最佳的。这方面的工作大致已达到完善。在同一篇论文中,冯·诺依曼还明确表述了 n 个游戏者之间的一般对策。

对策论也被用于经济学。经济理论中的数学研究方法,大致可分为以定性研究为目标的纯粹理论和以实证的、统计的研究为目标的计量经济学。前者称为数理经济学,正式确立是在 20 世纪 40 年代之后,无论在思想上或方法上,都明显地受到对策论的影响。

在数理经济学领域,过去经常模仿经典数学物理的技巧,所用的数学工具主要是微积分和微分方程、将经济问题当成经典力学问题处理。显然,几十个商人参加的贸易洽谈会,用经典数学分析处理,其复杂程度可想而知,而且这种方法的效果往往是很难预期的。冯·诺依曼毅然放弃这种简单的机械类比,代之以新颖的对策论观点和新的数学思想。1944 年,冯·诺依曼和摩根斯特思合著的《对策论和经济行为》就是这方面的奠基性著作。论文包含了对策论的纯粹数学形式的阐述以及对于实际应用的详细说明。这篇论文以及所作的与某些经济理论的基本问题的讨论,引起了对经济行为和某些社会学问题的各种不同研究,时至今日,这已是应用广泛、羽毛日益丰盛的一门数学学科。有些科学家热情颂扬它可能是"20 世纪前半期最伟大的科学贡献之一"。

对冯·诺依曼声望贡献最大的最后一个课题应该是电子计算机和自动化理论。

早在洛斯·阿拉莫斯,冯·诺依曼就明显看到,即使对一些理论物理的研究,只是为了得到定性的结果,单靠解析研究也已显得不够,必须辅之以数值计算。进行手工计算或使用台式计算机所需花费的时间是令人难以容忍的,于是冯·诺依曼开始劲头十足的开始从事电子计算机和计算方法的研究。1944—1945 年间,冯·诺依曼完成了现今所用的将一组数学过程转变为计算机指令语言的基本方法。冯·诺依曼作出的关于机器中的固定的、普适线路系统,关于"流图"概念,关于"代码"概念为克服当时的电子计算机(如 ENIAC)缺少灵活性、普适性的缺点作出了重大贡献。

冯·诺依曼对计算机工程的发展也是功不可灭的。计算机的逻辑图式,现代计算机中存储、速度、基本指令的选取以及线路之间相互作用的设计,都深深受到冯·诺依曼思想的影响。他不仅参与了电子管元件的计算机 ENIAC 的研制,并且还在普林斯顿高等研究院亲自督造了一台计算机。当时,冯·诺依曼还和摩尔小组一起,写出了一个全新的存贮程序通用电子计算机方案 EDVAC,长达 101 页的报告轰动了数学界。而一向专搞理论研究的普林斯顿高等研究院也批准冯·诺依曼制造计算机,其依据就是这份报告。

电子计算机的运算速度超过人工千万倍,它不仅极大地推动数值分析的进展,而且还在数学分析本身的基本方面,刺激着崭新方法的出现。其中,由冯·诺依曼等制订的使用随机数处理确定性数学问题的蒙特卡洛方法的蓬勃发展,就是突出的实例。19 世纪那种数学物理原理的精确的数学表述,在现代物理中似乎十分缺乏。基本粒子研究中出现的纷繁复杂的结构,令人眼花缭乱,要想很快找到数学综合理论希望还很渺茫。单从综合角度看,且不提在处理某些偏微分方程时所遇到的分析困难,想获得精确解的希望也不大。所有这些都迫使人们去寻求能借助电子计算机来处理的新的数学模式。冯·诺依曼为此贡献了许多天才的方法,它们大多分载在他的各种实验报告中。从求解偏微分方程的数值近似解,到长期天气数值预报,以至最终达到控制气候等。

冯·诺依曼在生命的最后几年,思想仍很活跃,他综合早年对逻辑研究的成果和关于计算机的工作,把眼界扩展到一般自动机理论。他以特有的胆识进击最为复杂的问题研究:怎样使用不可靠元件去设计可靠的自动机,以及建造自己能再生产的自动机。从中他意识到计算机和人脑机制的某些类似,这方面的研究反映在西列曼讲演中,然而等他逝世后才有人以《计算机和人脑》的名字,出了单行本。尽管这是未完成的著作,但是他对人脑和计算机系统的精确分析和比较后所得到的一些定量成果,仍不失其重要的学术价值。

1949 年,英国剑桥大学数学实验室率先制成电子离散时序自动计算机(EDSAC);美国则于 1950 年制成了东部标准自动计算机(SFAC)等。至此,电子计算机发展的萌芽时期遂告结束,开始了现代计算机的发展时期。

人们在创制数字计算机的同时,还研制了另一类重要的计算工具——模拟计算机。物理学家在总结自然规律时,常用数学方程描述某一过程;相反,解数学方程的过程,也有可能采用物理过程模拟方法,对数发明以后,

1620 年制成的计算尺,已把乘法、除法化为加法、减法进行计算。巧妙地把积分(面积)的计算转变为长度的测量,并于 1855 年制成了积分仪。19 世纪数学物理的另一项重大成就——傅立叶分析,对模拟机的发展起到了直接的推动作用。19 世纪后期和 20 世纪前期,相继制成了多种计算傅立叶系数的分析机和解微分方程的微分分析机等。但是当试图推广微分分析机解偏微分方程和用模拟机解决一般科学计算问题时,人们逐渐认识到模拟机在通用性和精确度等方面的局限性,并将主要精力转向了数字计算机。

电子数字计算机问世以后,模拟计算机仍然继续有所发展,并且与数字计算机相结合而产生了混合式计算机。模拟机和混合机已发展成为现代计算机的特殊品种,即用在特定领域的高效信息处理工具或仿真工具。

科 奠
学 基

人只不过是一根芦苇，是自然界最脆弱的东西，但他是一根有思想的芦苇。

——帕斯卡

名句箴言

发明加法器的帕斯卡

人们一提到帕斯卡，自然就会想到我们从初中物理就已经熟悉的压强单位——帕，进而联想到著名的"帕斯卡定律"。它是物理学中的一个重要定律，而这一定律的发明人就是法国著名的数学家、物理学家、哲学家布莱斯·帕斯卡。

　　帕斯卡为科学界作出了许多巨大的贡献。作为物理学家,他不仅发明了密闭流体传递压强的定律——帕斯卡定律,还发明了注射器,改良了托里拆利的气压计,创造了水压机。作为一个数学家,帕斯卡开创了射影几何与概率论的研究,为微积分的诞生创造了预备条件,确立了数学归纳法在数学证明中的地位,由于创造机械计算机而成为近代计算技术的拓荒者。作为一名哲学家,他强调直觉优于演绎。他的散文在法国享有盛名,因而人们也称他为文学家。

　　帕斯卡于 1623 年 6 月 19 日出生在法国的克莱蒙市,现称克莱蒙·菲朗市。他的父亲艾基纳·帕斯卡是一位博学多才的数学家。良好的家庭环境为他成长为天才人物提供了不可多得的条件。

　　艾基纳·帕斯卡与当时法国一流的数学家、物理学家,如费尔马、笛沙格等

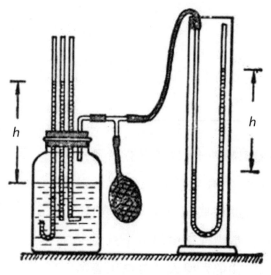

帕斯卡定律实验装置图

人交往甚密,而这一点也使帕斯卡自小就深受这方面的熏陶和影响。

　　帕斯卡自幼勤奋好学,童年时他就表现出了超人的数

学才能。可是,由于他体弱多病,父亲只是对帕斯卡的法语、外语(希腊文、拉丁文)方面花工夫去抓,不准备让他过早地钻研数学,怕孱弱的孩子会过于劳累,损害身体的健康。但是,父亲对数学和物理的爱好,潜移默化,在帕斯卡心灵上点燃的火种怎么也扑不灭。他有良好的语言基础,为思维的发展提供了优越的条件,他常常从父亲的藏书中找出数学方面的书籍偷偷地阅读,而且他对自然现象和各种物品的形状很感兴趣,经常向父亲提出数学和其他自然科学方面的问题。

在帕斯卡 12 岁那年,有一天,突然问父亲:"几何学究竟是一种什么样的学问呀?"父亲搪塞他说:"几何学讲的是作图正确无误的方法,并给出各种图形间的比例关系。"并嗔怪道:"不让你学习数学,你怎么就是不听话呢?不要命啦?"事后,父亲把家里的一切数学书籍都锁在柜子里了。

帕斯卡沉默不语,但从此他更加感到几何学神秘莫测了。

在好奇心的驱使下,帕斯卡开始琢磨起几何学。他在地板上画出各种各样的几何图形:直线、正方形、长方形、圆、三角形……开始探究它们的性质,竟独自推出"三角形的内角和等于两个直角"的定理。父亲得知后惊喜不已,立即把欧几里得的《几何原本》和一些古典数学专著拿出来交给他学习。

1635 年,帕斯卡的父亲参加了法国梅森主持的科学家组织(法国科学院前身),每当他到梅森寓所讨论数学与科学问题时,他都会带着帕斯卡,让儿子旁听梅森的数学讲演。不久,帕斯卡便受到了数学家笛沙格的赏识,建议他把圆锥曲线的许多性质简化归纳为几个基本定理。

果真,经过 3 年多的不懈努力和刻苦钻研,16 岁的帕斯卡写成了一本关于圆锥曲线的著作。1640 年,帕斯卡发表了一篇约 8 页的短文"略论圆锥曲线"。在这篇文章中,帕斯卡提出了被笛沙格称之为"神秘六边形"的"帕斯卡定理",它是射影几何学的基本定理之一。

"帕斯卡定理"的出现,轰动了整个数学界,笛卡儿看到这篇文章时,竟不敢相信这个奇妙的定理会出自这位只有 17 岁的年轻人之手。是的,当时帕斯卡才 17 岁。由于长期刻苦钻研数学,使得本来体质就很弱的帕斯卡幼年患过的肺病和软骨症又复发了,从 18 岁起他就天天生活在病魔的缠绕之下。可是,帕斯卡生活的时代是科学成就辉煌的 17 世纪,他沐浴着时代的霞光,以顽强的毅力从事着科学研究,始终同病魔进行着不懈的斗争。因而他在数学和物理学领域作出了杰出的成就,摘下了科学王冠上的一串串明珠。

1642 年,帕斯卡制成了世界上第一台能进行六位数加减法运算的手摇机械计算机。后经他不断改进,总共造出了 50 多台。帕斯卡计算机的研制成功,直接影响着莱布尼茨从事自动机的研究。

下面我们顺便了解一下帕斯卡在物理学方面的成就。1646 年 10 月,帕斯卡得知了意大利物理学家托里拆利的实验和对大气压力的发现时,他便开始顽强地在这个领域探索,以便进一步证实托里拆利发现的可靠性。为此,他设计了两个巧妙地连接在一起的玻璃管,依靠其中一个可以减少另一个管子里水银表面上的空气的方法,证明了空气压力的存在及压力决定试管中水银柱高度的变化。然而,在测定"测量地点的水平高度影响水银柱高度"时,他却遇到了很大困难。

一天晚上,帕斯卡已经重复托里拆利的实验 10 多次了。他用水银将一端封闭的玻璃管灌满,把它倒过来,将敞口的一端浸在盛水银的容器里。管里的水银下降,像平时一样地停在某一个高度上。"又失败了,托里拆利曾肯定,测量地点的水平高度会影响着水银柱的高度,为什么做不出来呢?"帕斯卡疑惑不解。于是,他又开始翻阅西蒙·史蒂文的著作。"我为什么没学会佛来米语呢?"他生气地嘟囔起来。因为他本来想仔细地研究一下关于水力学和液体静力学章节中的几段话,以为能够受到启发。

"有一点我是完全清楚的。"他给自己打气说,"液体中的压力是自下而上逐渐减少的。"

他第 13 次将水银灌满试管,站起来,用桌子和椅子搭成临时的阶梯,沿阶梯上去就可以触到屋顶。这个实验要求他的方法要有一定的准确性,而且精确度必须相当高。然而,他却一只手拿着试管和盛水银的容器,而另一只手里拿着蜡烛,怎能看出那微不足道的变化呢?

"确实一动没动!"他十分懊丧地下来了,拆掉了那个用家具搭起来的金字塔。

头痛病又犯了,他不得不拖着疲惫的身子回卧室去睡觉。

清晨,当他从朦胧中醒来,忽然想起了他的姐夫。于是决定求助姐夫佩耶帮助他完成这个实验。他起床便给佩耶写了一封长信。

自从帕斯卡的姐姐出嫁以后,他们姐弟就很少见面。所以她接到弟弟的信时,非常激动。她读了一遍又一遍。"布莱斯,亲爱的布莱斯……"她喃喃自语。在她的头脑里,往事历历犹如发生在昨天。她又非常清晰地回忆起父亲为了不使弟弟弄垮身体、不荒废拉丁语和希腊语的学业,是怎样地禁止他钻研数学的……

丈夫佩耶回来了,打断了姐姐的回忆,她把弟弟的来信和一个盒子递给了佩耶,盒子里装着些奇特的试管、容器和"活的银子"——水银。

佩耶是个讲究原则注重细节的人。尽管他对内弟请求他做的事还不十分理解,但他还是决定完成帕斯卡提出的详细要求。

1648年初秋,阳光灿烂,秋高气爽,切塔·佩耶打算把完成帕斯卡的请求当作一次愉快的旅行。

9月19日,一大早,他就上路了。在普伊·德·多姆山脚下,佩耶将两个相同的试管装满了水银,这一对试管封闭的底端被朝上翻过来,标出水银柱的高度,之后他把其中一个试管留在了山下,而随身带着另一个向1400米的山顶爬去。当时许多观光者看了感到新奇,以为他要做什么游戏,谁能料到一个伟大的科学实验就在这里拉开了序幕。

开始是树木丛生的小路,然后树木越来越稀少,最后他顺着被风吹秃的石灰石山岩向上走着。午后不久,他登上了山顶。佩耶在这里进行了试验的第二步,与帕斯卡提出的设想一致,在山顶上,试管中的水银比在山脚下下降了几厘米,佩耶仔细地标出了试管中水银柱的高度,吃了点东西,然后下山返回家中。次日早晨,佩耶给帕斯卡寄去了详细的记录资料。

帕斯卡收到姐夫寄给他的试验资料后对试验结果非常满意,但是他仍然决定自己重新去做一次这个试验。伟大的科学家就是这样,对科学的每一个试验都是精益求精,从不马虎从事。可是,对于一个患有软骨症的人来说,爬到天主教堂的塔楼上去是件多么不容易的事,可是帕斯卡却以他那坚强的意力和勇于战胜困难的精神,完成了这一壮举。他在这儿发现:试管中水银的高度变化不是很明显,但是还是有差别的。

"一切都清楚了。"帕斯卡从塔楼上慢慢地走了下来,自言自语地说道,"围绕着地球,在空气的世界里,压力从下向上逐渐减少,在液体里也是一样。"

在教堂前,他遇到了诺艾勒神父。他立刻向神父介绍了自己的理论和实验。

诺艾勒只是微笑着。

"亲爱的帕斯卡,您怎么可以以那样的实验为根据呢?如果在托里拆利实验里,在水银柱上面产生的真空被空气里某些微小的、看不见的粒子填补上了,那么会怎么样呢?"

帕斯卡皱起了眉头,然后讥讽道:

"看不见的?引证看不见的东西或者现象——这不是做试验,而是……"说到这帕斯卡停顿了一会,"这不如说是您的职业,它与真正的科学毫无共同之处。您只是想挽救旧的物理学,而它正是以那些未加证实的假设做根据的。"

当诺艾勒神父正在思索着合适的话来回答他时,帕斯卡已经走了很远了,他的头脑中又装满了新的问题。

1648年10月,他发表了论文"论液体平衡"。提出了密闭流体传递压强的定律:加在密闭流体任何一部分的压强,必然按其原来的大小由流体向各个方向传递。这是液体静力学的一个基本定律,后来人们为了纪念这位伟大的科学家,便命名为"帕斯卡定律"。他还计算出液体静压力的量值,描述了液体静力奇异现象、连通器守则和水压机工作原理。

帕斯卡是第一个产生了借助气压表可以测量两个地方的不同高度的想法的人,他还注意到水银柱的高度还受空气的湿度和温度的影响,因此水银柱还可以起到预测天气的作用。这也是我们现在所用的温度计的理论基础。

帕斯卡的确无愧于光辉的世纪,他虽然身体状况很差,然而病魔却阻挡不住他那追求真理、热爱科学的激情。他无暇顾及身体,整日埋头于科学研究。1648年,帕斯卡再次开始数学研究。他在《算术三角形专论》这部著作中,提出了概率论和组合论的几个基本思想,在算术中形成了著名的帕斯卡三角形。他确定的可除性定则,成为研究微积分学方面与牛顿、莱布尼茨齐名的先驱者。

在帕斯卡去世前的5年,他撰写了《几何学精神》等论文,还研究了摆线。1658年的一个夜晚,帕斯卡为牙剧痛纠缠得不能入睡,于是一气之下起床研究摆线问题,竟使他忘却了牙痛。于是他就一连串钻研了8个昼夜,取得了重要成果,他把自己对摆线研究的成果归纳成六个问题,以笔名阿摩·德东维尔的名义公开悬赏征解,限期3个月,奖金600法郎。结果,包括英国牛津大学几何学教授华里斯、荷兰的惠更斯等很多科学家在内,纷纷提交了论文应答,但无一人解答圆满,最后只好按规定由帕斯卡公布答案。

1660 年,费尔马写信约帕斯卡见面,但帕斯卡回信说自己步行须持杖,骑马坐不稳,身体虚弱,难以赴约。是的,帕斯卡说得确是事实,他由于终日劳累体质孱弱,37 岁时,看上去确像一个年过半百的"小老头"。1662 年 8 月 19 日,他在巴黎病逝,遗体葬于巴黎的圣爱基纳教堂。

帕斯卡虽 39 岁早逝,但他在数学和物理学方面为人类留下的巨大文化遗产却是值得我们永远去怀念和感激的。他在有限的 39 年的生命中,为科学贡献无数。他资兼文理,写得一手好文章,是法国的散文名家。他的《思想录》《致外省人的信札》已成思想文化史上的古典名著。他以思想深邃、文笔隽永而著称,他的作品对后世有着深远的影响。帕斯卡算用自己流星般光辉灿烂却短暂的一生照亮了世界。

名句箴言

谁要游戏人生，谁就一事无成，谁不能主宰自己，谁就永远是一个奴隶。

——歌德

制成计算机的莱布尼茨

870 年，在马克思 52 岁寿辰的时候，朋友库格曼曾送给他两块当年莱布尼茨用过的壁毯。马克思非常喜欢，就把它悬挂在自己的工作室里。马克思在那年 5 月 10 日给恩格斯的信里还特意谈到这件事，并且写道："我已把这两样东西挂在我的工作室里。你知道，我是佩服莱布尼茨的。"能让我们伟大的导师这么刮目相看，可见莱布尼茨应该是个了不起的人物。

的确，莱布尼茨是德国的一位百科全书式的天才。他不仅是微积分的创始人之一，也是数理逻辑、计算机理论及控制论的先驱。他既是位大名鼎鼎的数学家，还是一位才华横溢的博学巨人。

莱布尼茨于1646年6月21日出生在德国东部的莱比锡城。他的父亲是一位哲学教授，然而这位教授父亲在他6岁那年就过早离开人世。如果说他的父亲对这位伟大的科学家最大的影响，那可能就是为他提供了饱览丰富藏书的条件。

莱布尼茨8岁时进入学校学习，幼年起学习的运用多种语言表达思想的思维模式，促进了他思维的超常发展。莱布尼茨从15岁考入莱比锡大学时，就开始对数学发生兴趣。17岁时在耶拿大学学习了一段时间的数学，有幸受到数学家特雷维和魏格尔的指导和影响。

1666年，他转入纽伦堡的阿尔特道夫大学。这年他发表了第一篇数学论文"论组合的艺术"，显示了莱布尼茨的数学才华。这篇论文，正是近代数学分支——数理逻辑的先声，后来他成为数理逻辑的创始人。

大学毕业后，莱布尼茨获得法学博士学位，却谢绝了教授职位的聘约，投身外交界。1672年3月莱布尼茨作为大使出访法国巴黎,为期 4 年。在那里深受法国少年早慧的数学家帕斯卡事迹的鼓舞,使他立下决心钻研高等数学。他在巴黎期间还结识了荷兰数学家惠更斯,并在惠更斯的指导下,利用业余时间钻研了笛卡儿、费尔马、帕斯卡等人的原著,为他后来步入数学王国的殿堂奠定了雄厚的基础。

1673 年,莱布尼茨在英国伦敦期间将 1642 年帕斯卡发明的简单计算器进行了改造,制成了能进行加、减、乘、除、开方的计算机,他也因此被选为英国伦敦皇家学会会员。1676 年,他到汉诺威,在不伦瑞克公爵的王家图书馆任顾问兼馆长。他博览群书,涉猎百科,独立创立了微积分的基本概念与算法,成为同英国的牛顿并蒂双辉共同奠定了微积分学基础的人。1693 年,他发现了机械能(动能和位能)的能量守恒定律,到 19 世纪中叶,这条定律被推广到所有能的形式中。1700 年,他被选为巴黎科学院院士。他说服了普鲁士国王弗里德里希一世建立柏林科学家协会,出任第一任会长。这一协会即为德国皇家科学院,它可与伦敦的皇家学会和巴黎的皇家科学院相媲美。

莱布尼茨生逢欧洲科学技术飞速发展的时期。生产力的提高及社会各方面的迫切需要,使得经过各国科学家的努力与历史的积累,建立在函数与极限概念基础上的微积分理论应运而生。1665—1666 年,牛顿在英国创立了微积分(流数术),1671 年发表了论文《流数术和无穷级数法》,

1687 年出版了他的巨著《自然哲学之数学原理》。1673—1676 年,莱布尼茨也独立地创立了微积分,1684 年在《学术学报》上首先发表了微分法的论文"一种求极大极小和切线的新方法,它也适用于分式和无理量,以及这种新方法的奇妙类型的计算。"1686 年,他又发表了最早的关于积分法的论文"潜在的几何与分析不可分和无限",他把微积分称为"无穷小算法"。为此,在科学的发展道路上,由于微积分创立的优先权问题,曾发生过一场争论激烈的公案。

事情是这样的,1676 年,牛顿在写给莱布尼茨的信中,宣布了他的二项式定理,提出了根据流的方程求流数的问题。但在交换的信件中,牛顿却隐瞒了确定极大值和极小值的方法,以及作切线的方法等。而莱布尼茨在给牛顿的回信中写道,他也发现了一种同样的方法。并诉说了他的方法,这个方法与牛顿的方法几乎没有什么两样。二者的区别是:牛顿主要是在力学研究的基础上,运用几何方法研究微积分的;莱布尼茨主要是在研究曲线和切线的面积问题上,运用分析学方法引进微积分概念、得出运算法则。牛顿是在微积分的应用上更多地结合了运动学,造诣较莱布尼茨高一筹,但莱布尼茨的表达式采用的数学符号却又远远优于牛顿,既简洁又准确地揭示出微分、积分的实质,强有力地推进了高等数学的发展。

然而,莱布尼茨却因微积分发现的优先权问题,蒙受了长期的冤屈。1699 年,瑞士数学家法蒂奥德迪利在寄给皇家学会的一篇文章中提出,莱布尼茨的思想获自牛顿,给莱布尼茨的声誉带来了很大的影响。后来,牛津的实验物理学讲师,后来成为萨维尔天文学教授的凯尔,又指控莱布尼茨是剽窃者。为此,莱布尼茨参与了这场争论,激起英国人对他的不满,甚至到 1716 年 11 月 14 日,莱布尼茨在汉诺威默默地离开人世的时候,朝廷竟不闻不问,教士们也借口说莱布尼茨是"无信仰者"而不予理睬。

但是,真理面前每个人都是平等的,在科学真理面前,莱布尼茨永远是强者。英国皇家学会为牛顿和莱布尼茨发现微积分的优先权问题专门成立了评判委员会,经过长时间的调查,在《通讯》上宣布牛顿的"流数术"和莱布尼茨的"无穷小算法"只是名词不同,实质是一回事,终于肯定了莱布尼茨的微积分也是独立发现的。

莱布尼茨的数学业绩,除了微积分,还涉及了高等数学的许多领域。争论、诬陷没有使他减弱对科学真理的追求。

此外,莱布尼茨还提出了使用"函数"一词,首次引进了"常量""变量"和"参变量",确立了"坐标""纵坐标"的名称。他对变分法的建立及在微分方程、微分几何、某些特殊曲线(如悬链曲线)的研究上都做出了重大贡献。

莱布尼茨毕生致力于科学事业与社会公共事务,孜孜不倦,勤奋过人,广交各界,却终生未娶,一生曾与 1063 人通信、交流思想，推动了学术和文化的发展。他逝世后，留下了 15000 多封书信及涉猎各科的大量著作与手稿。莱布尼茨的遗稿可以分类整理为神学、数学、哲学、自然科学、历史和技术等 41 个项目，完整的全集从 19 世纪开始由专家们着手编辑加工，但至今尚未全部出版发行。

尽管莱布尼茨的世界观中包含着一些辩证的因素，孕育着进步的思想，但是他否定数学来自生产实践。这不仅遮阻了他的视野，限制了他的成就，还导致他晚年迷失研究方向，从而窒息了自己的科学事业。

但是，莱布尼茨积极倡导世界性科学文化交流，特别支持欧洲同中国交流学术思想，曾设想建立一所"世界科学院"，主要目的是加强欧洲同中国学者、科学家交流。可以说，莱布尼茨不仅是 17 世纪欧洲杰出的思想家中对中国学术文化最感兴趣的一位，也是科学史上少有的高度崇敬中国思想的西方学者。他在《致德雷蒙先生的信：论中国哲学》中说："中国是一个大国，它在版图上不次于文明的欧洲，并且在人数上和国家治理上远胜于欧洲，在中国，在某种意义上有一个极其令人赞佩的道德，再加上一个哲学学说，或者有一个自然神论，因其古老而受到尊敬。这种哲学学说或自然神论是从 3000 年以前建立的，并富有权威性，远在希腊人的哲学很久很久以前。"他对那些轻蔑中国哲学的欧洲学者说："我们这些后来者，刚刚脱离野蛮状态，就想谴责一种古老的哲学……这真是狂妄之极！"莱布尼茨作为一位西方的著名学者，能在当时"欧洲中心主义"盛行的历史条件下，以真灼的见识、超人的胆略崇尚中华文明，确实很难能可贵。

名句箴言

人生最终的价值在于觉醒和思考的能力，而不只在于生存。

——亚里士多德

研制解析机的巴贝奇

当我们跨进信息时代的新世纪的时候，电子计算机已经无处不在。从一个梦想变为现实，在这条布满荆棘的长路上洒下了无数人的心血。当1871年年逾古稀的巴贝奇带着自己毕生为之努力奋斗却未竟的事业离开人世的时候，他也给后人留下了宝贵的遗产——几百张绘有几万个零件的图纸、

30多种不同的计算机设计方案和一大堆工作笔记。他的贡献无法磨灭,所以我们也把他作为计算机的发明人之一。

最早的航海表是英国在1766年发表的,尽管造表人费了大量心血进行了精心计算,但表中还是有许多错误,这严重影响了轮船在海上定方位的准确性。巴贝奇在上大学时就发现了航海表中的错误,于是他萌生了想用机器来制作数表的念头。

18世纪末法国组织的一项规模巨大的、复杂的计算工作也给巴贝奇留下了深刻的印象。由于当时法国引进了米制,法国政府决定在数学中采用十进位制。法国政府甚至把十进位制引入到对圆周、角度的度量上,这样一来,就必须重新计算大量的数表,首先是三角函数表和对数表。令人惊讶的是,这项浩繁的计算工作竟在较短的时间内完成了,数表共有大开手抄本30余卷,能基本上满足应用上的需求。

巴贝奇对这项工作的开展过程颇感兴趣,然后他了解到全部工作是分三步完成的:第一步由数学家提出数学解析公式;第二步由熟悉数学的人把公式转换成便于处理数据的形式;第三步由稍具数学知识的人按公式指定的顺序只做加减法的运算,得出最终结果。巴贝奇注意到,完成第三步工作的人所犯的错误最少,尽管他们并不具备高深的数学知识,因为他们的工作完全是机械式的,只需熟练地进行加减就可以了。于是巴贝奇认为这部分人的工作完全可以由机器来代替，机器可以做得更快、更准确。

巴贝奇是一位勇于把设想付诸实践的实干家。自从萌生了用机器来做运算的想法后，他就把主要精力转向研制计算机了。

巴贝奇开始了差分机的设计工作，差分机的基本原理是使相应阶（与多项式方次有关）的多项式有限差分等于零。差分机可以用于计算数的立方、对数、三角函数和其他许多表格。巴贝奇甚至认为，差分机可以用来计算不知道解析规律的表以及某些没有常数差分的数列。

1812 年巴贝奇就开始了制造差分机的工作。设计和制造机械式计算机在当时是非常复杂的事情。巴贝奇不但自己要制造单个部件，而且还要造一些机器来生产这些部件。尽管有着种种困难，巴贝奇在 1822 年还是制成了带有 3 个寄存器的小差分机。每个寄存器有 6 个部分，每个部分有一个字轮。沿着这些字轮的圆周对应每个齿带，写上从 0 到 9 的数字，在底下的轮标明为个位，上一个是十位，以此类推。用这台机器可以计算 5 位数字，巴贝奇用这台机器计算了平方表和其他一些表格。

在巴贝奇在制成第一台差分机之后，他又开始了更大规模的差分机的研制工作。他说服了英国皇家学会，得到了政府的财政资助。新的机器主要用以计算天文学和导航方面的数表,应当能处理 20 位数和 6 级差分,因此应当有 7 个 20 位的寄存器,而且要有印刷设备。制造时间计划为 3 年,成本为 3000 英镑到 5000 英镑。

于是,在巴贝奇的周围很快聚集了一批有才能的工程师,他们共同为了新差分机的研制而努力奋战着。巴贝奇主要负责设计工作,并在制造过程中他不断地加以改进。例如,他几次重新设计了机器的某些部件,使得乘法进位的时间比第一台差分机缩短了 4/5。然而进一步的工作遇到了很大的麻烦,主要是受当时技术水平的限制,机械加工难以达到差分机要求的高精密程度。转眼 10 个春秋过去了,可机器的研制成功仍然遥遥无期。为制造这台机器,政府已经投资了 1.7 万英镑,巴贝奇本人也花费了 1.3 万英镑。大量人力物力的投入却看不到一线希望,巴贝奇周围的人慢慢变得悲观失望,几乎所有的人都不再关心他的工作。到了 1832 年,事实上只有巴贝奇一个人还痴心于那台未完工的差分机。

巴贝奇孤军奋战,终于在 1833 年,在经历了 11 年的艰苦岁月后,才制成了机器的一小部分。开机计算后,其工作的准确性达到了计划的要求。这使得巴贝奇大为振奋,他重新树立起信心,期望政府能继续给予经济上的支持。然而政府的态度始终是消极的。到 1842 年,政府明确表示不可能再给予他资助了。

巴贝奇苦心经营的能执行计算程序、能完成操作要求的差分机就这样中途夭折了,他含辛茹苦孕育的这个"婴儿"虽然呱呱坠地了,但却终究未能长大成人。今天,我们在伦敦皇家学院博物院里,还能见到巴贝奇的设计图纸和未完成的差分机;而在剑桥,我们则能见到利用差分机的一部分制成的表演模型。

巴贝奇在研制差分机的工作中,看到了制造一种新的、在性能上大大超过差分机的计算机的可能性。他把这个未来的机器称为分析机。

巴贝奇在1835年写给布鲁塞尔科学院的信里,谈到了分析机的能力。其实,早在1834年9月,他就已经画出了分析机的第一张设计图。他说:"我本人都为这台机器的威力吃惊,一年前我还不相信能有这样的结果。这台机器可以处理100个变量,每个数可以有25位数字。假定有一个函数 $f(v_1, v_2 \cdots\cdots v_n)$,且 n 小于 100,f 由加、减、乘、除、开方和乘方组成,则这台机器可以决定这一函数的数值。借助于这台机器,差不多所有有限差分的公式都能转换成表格。"

1842年—1848年,巴贝奇又专心投入到分析机的设计工作中。他深入地研究了分析机的理论基础,并且设计了它的主要组成部分。巴贝奇认为他的分析机每分钟可做60次加减法,每分钟能完成两个50位数乘法。分析机由3个主要部分组成:一是将数字信息保存在齿轮寄存器中的装置;二是可对从堆栈中取出的数进行各种运算的装置;三是控制着操作程序,选择被处理数据和输出结果的装置。

巴贝奇计划寄存器由齿轮组成,由于机器的效率在很大程度上取决于保存在存储器中的信息容量,所以寄存器的容量应尽可能大。巴贝奇设计的寄存器有100列,每列50个数字轮,即有100个数,每个数长度为50个十进位,这相当于1.5万个二进位数。此外,机器应当包括对数表和其他表格。对于运算器,巴贝奇为加速运算采用了专门的预先进位结构。这是分析机中最重要的部分之一,巴贝奇曾提出过30多种设计方案。在控制器方面,巴贝奇巧妙地采用了穿孔卡片的方法。法国纺织机械工人、发明家雅克尔为织布机织出复杂花纹的布匹而使用了各种形式的卡片,靠着一个接着一个的大量卡片,可以织出复杂的花纹;但卡片的需要量是巨大的,例如,要织成双头鹰的旗子需1.4万张卡片。巴贝奇有一次在巴黎参观时,看到了雅克尔发明的用穿孔卡片控制编织提花地毯的机器,闪现了把穿孔卡片移植到控制器上的灵感。

巴贝奇竭尽全力研制他的分析机,自己花钱请工程师、绘图员和工人到他家里来工作。为了集中精力,他毅然辞去了剑桥大学数学教授的职务,这使他财力日趋减少。在经济拮据的窘境中,他坚持完成了2000多张详细的1:1的机器及单个部件的图纸,图纸上绘制有5万余个零件,对于机器的个别部分都写有数百条的意见。

巴贝奇竭力谋求社会对其新发明的支持，然而结果却寥寥无几。最后支持他的，除了他的儿子外，另外两位颇具传奇色彩的人物，一位是蜚声欧洲的英国革命浪漫主义诗人拜伦的独生女拉甫雷斯伯爵夫人；另一位是意大利富有才能的数学家闵那布利。他们两个曾于 1840 年在意大利的都灵都听过巴贝奇的演讲，后来两人都热忱地撰写论文向外界介绍过巴贝奇的创新思想。闵那布利以后参加了意大利的解放战争，对统一意大利起了重要作用，1867 年当选为统一后的意大利总理。这两位显赫人物的支持，使得巴贝奇父子的事业得以苟延残喘，最后巴贝奇写出了世界上第一部关于计算机程序的专著。然而遗憾的是，他们最终也未能造出一台可供实用的分析机来。

尽管成功总是与巴贝奇擦肩而过，但在计算机的发展史上，巴贝奇毕竟留下了光辉的一页。他的奇思遐想和聪明才智超过了与他同时代的其他人，他是第一位将计算机的存贮功能与运算功能从机构上分隔开来的人，他的设计思想为现代电子计算机的结构设计奠定了基础。众所周知，现代电子计算机的中心结构部分恰好包括了巴贝奇提出的分析机的 3 个部分，我们甚至可以这样说，巴贝奇的分析机是现代电子计算机的雏形。

最后，巴贝奇的儿子亨利·巴贝奇这样评价他父亲未竟的事业："我完全相信,总有这样一天,类似的机器将会制成,而且不仅在纯数学领域中,还将在其他知识领域中成为强有力的工具。我希望不要太久,这个时刻就会到来,它将有助于对我父亲的工作作出总的评价。这项工作现在即使在有文化的人中间也很少有人知道和理解。"

　　亨利·巴贝奇这一预言很快就应验了。十几年以后,人们终于研制出实用的穿孔卡片式程控计算机,并于1890年首次用于美国的人口和职业普查。原先估计,完成这项浩如烟海的统计资料分析汇总工作大约得需要 10 年时间。然而应用了穿孔卡片计算机后,这项艰巨的工作在一年内就宣告完成了。即便在今天,在现代电子计算机输入输出的附加设备里,还广泛应用着穿孔卡片系统。所以,在当时巴贝奇试图在分析机上解决问题所表现出的思想的深刻性,以及其在计算机制造设计方面的领先性,不能不令后人惊叹叫绝!

在本章我们主要了解了最计算机的发展作出了杰出贡献的几位伟大科学家：帕斯卡、莱布尼茨、巴贝奇几位伟大的大师用他们超人的聪明和才智为现代计算机的出现铺平了道路。现在我们就来了解一些现代计算机的发展过程。

现代计算机问世之前，计算机的发展主要经历了三个阶段：机械式计算机、机电式计算机和萌芽期的电子计算机。早在17世纪，欧洲一批数学家就已开始设计和制造以数字形式进行基本运算的数字计算机。1642年，法国数学家帕斯卡采用与钟表类似的齿轮传动装置，制成了最早的十进制加法器。1678年，德国数学家莱布尼茨制成的计算机，进一步解决了十进制数的乘、除运算。

英国数学家巴贝奇在1822年制作差分机模型时提出一个设想，每次完成一次算术运算将发展为自动完成某个特定的完整运算过程。1834年，巴贝奇设计了一种程序控制的通用分析机。这台分析机虽然已经描绘出有关程序控制方式计算机的雏形，但限于当时的技术条件而最终未能实现。

就在巴贝奇的设想提出以后的一百多年时间里,电磁学、电工学、电子学不断取得重大进展,在元件、器件方面接连发明了真空二极管和真空三极管;在系统技术方面,相继发明了无线电报、电视和雷达……所有这些成就为现代计算机的发展准备了技术和物质条件。

与此同时,数学、物理也相应地蓬勃发展。到了20世纪30年代,物理学的各个领域经历着定量化的阶段,描述各种物理过程的数学方程,其中有的用经典的分析方法已很难解决。于是,数值分析受到了重视,研究出各种数值积分,数值微分,以及微分方程数值解法,把计算过程归结为巨量的基本运算,从而奠定了现代计算机的数值算法基础。

发明诞生

我要把人生变成科学的梦，然后再把梦变成现实。

——居里夫人

名句箴言

天才图灵

就像美国电脑界有冯·诺依曼一样的伟大人物一样，在英国电脑发展的进程中，也有一个有巨大影响力的天才人物，他就是阿伦·图灵。

此人对于电脑技术的发展，有着无可替代的影响。

阿伦·图灵（Alan Mathison Turing）1912 年 6 月 23 日生于伦敦近郊的

自治镇帕丁顿（Paddington，现归属伦敦 Westminster 区，英国议会大厦和世界闻名的威斯敏斯特大教堂就在这里）。

图灵

图灵的父亲是英国在印度的行政机构的一名官员，母亲平常也在印度陪伴其丈夫。1926 年图灵的父亲退休以后，因为退休金不高，为了节省，他们夫妇又选择在生活费用较低的法国居住，没有回英国定居，因此图灵和他的一个叫约翰的哥哥很少见到父母亲，他们是由从军队中退休的沃德（Ward）夫妇带大的。童年时缺乏父爱和母爱，也许正是图灵自幼起性格和行为就比较怪辟，并最终酿成悲剧结局的一个重要原因。图灵 13 岁进入寄宿的谢博恩中学（Sherbourne School），学习成绩并不特别好，只有数学例外，演算能力特别强。此外，就是擅长赛跑，我们现在还能看到图灵在运动会上参加赛跑中冲过终点时留下的照片。

1931 年中学毕业以后，图灵想进剑桥大学最负盛名的"三圣学院"（Trinity College），但两次未被录取，只好进了剑桥的另外一所学院——"国王学院"（King's College）攻读数学。第一年的课比较浅，图灵很厌烦，没有好好学，结果在剑桥大学特设的一种叫 Tripos 的荣誉学位考试中只得了"二等"。好在他急起直追，最后毕业时的数学学位考试还是拿了第一等，取得这个成绩的学生在剑桥大学有一个特别的荣誉称号，叫 Wrangler。图灵的学位论文课题是关于概率论的中心极限定理（the Central Limit Theorem of Probability）的。实际上，由于他在研究这个课题时对前人的这方面所做的工作一无所知，可以说是图灵自己又重新发现了这个定理。1936 年图灵因就同一课题所发表的论文而获得史密斯奖（Smith Prize）。

英国现代计算机的起步要从纳粹德国的"谜"开始说起。"谜"（Enigma）是一种密码电报机，是由德国人在一战和二战之间研制成功的一种机器。"谜"能把日常语言变为代码，通过无线电或电话线路秘密传送。它是一个木箱子，配有一台打字机，箱上有 26 个闪烁不停的小灯泡，与打字机键盘的 26 个字母相对应。"谜"的设计无懈可击，有一套极精密的解码设置，非一般的电报密码所能比拟。在内行人看来，平白如话，但在旁人，又是无从索解的天书。因此，这台看似平常的机器，有了"谜"的称号。这样，德国的"谜"引起了英国情报部门高度的兴趣。常规的解码方式奈何不了"谜"，怎么办？

这时,天才的数学家图灵出现了。1931 年图灵进入剑桥大学国王学院,开始了他的数学天涯。

一到那里,图灵便开始崭露头角,毕业后去美国普林斯顿大学攻读博士学位,在那里就发明过一个解码器(Encipher),二战爆发后回到剑桥。

在剑桥,图灵是一个妇孺皆知的怪才,常有出人意料的举动。他每天骑自行车到离公寓 3 公里的一个叫布莱切利公园(Bletchley Park)的地方上班,因常患过敏性鼻炎,一遇花粉,就会鼻涕不止,所以图灵就常戴防毒面具骑车上班,招摇过市,成为剑桥的一大奇观。

他的自行车链条经常在半道上掉落,要是换了别人,早就拿去车铺修理了。而图灵偏不,他在琢磨,发现这链条总是踏到一定的圈数时下滑,图灵在骑车时就特别留心计算,于是能做到在链条下滑前一刹那戛然停车！让旁人叹服不已,以为是在玩杂耍。后来他居然在踏脚旁装了一个小巧的机械计数器,到圈数时就停,好换换脑筋想些别的问题。有人说图灵的脑袋转得简直比自行车飞轮还快。

所以,用如此聪明的脑袋来破译德国的“谜”看来不是什么难事。二战爆发后,图灵成为英国外交部通信部门战时公务员,主要负责解码工作。他果然不负众望,成功破译了“谜”。而此时德国人还蒙在鼓里,还以为他们的“谜”能一直迷下去,照用不误,结果泄露了大量的核心机密,在战事上屡屡遭挫。战后，图灵被授予帝国勋章。至于图灵是如何破译"谜"的，由于英国政府严格的保密法令，一直也没有公之于世。所以图灵破译"谜"也成为一个"谜"。

早在20世纪30年代初，图灵就发表了一篇著名的论文《论数字计算在决断难题中的应用》，他提出了一种十分简单但运算能力极强的理想计算装置，用它来计算所有能想象得到的可计算函数。它由一个控制器和一根假设两端无界的工作带组成，工作带起着存储器的作用，它被划分为大小相同的方格，每一格上可书写一个给定字母表上的符号。控制器可以在带上左右移动，控制带有一个读写头，读写头可以读出控制器访问的格子上的符号，也能改写和抹去这一符号。

这一装置只是一种理想的计算模型，或者说是一种理想中的计算机。正如飞机的真正成功得力于空气动力学一样，图灵的这一思想奠定了整个现代计算机的理论基础。这就是电脑史上与"冯·诺依曼机器"齐名的"图灵机"。

名句箴言

人生犹如一本书，愚蠢者草草翻过，聪明人细细阅读。为何如此，因为他们只能读它一次。

——保罗

发明Z计算机的朱斯

1934年，一个叫朱斯的德国人开始着手研制一种利用机械键盘的计算机。这与巴贝奇分析机原理很相似。巴贝奇曾经设想过采用在纸带上"穿孔"和"存贮"的方式来记录保存数据，从而进行数字计算的方法。1938年，朱斯制成了第一台二进制的计算机——Z—1型计算机。Z—1是一种纯机械式的计算装置,它有可存贮64位数的机械存储器,朱斯设法把这个存储器同一个机械运算单元连结起来。于是,他用钢锯把圆钢锯成数千片小薄片,然后用螺栓把它们拧在一起,这样就可以把Z—1就安装起来了。但是,Z—1性能并不理想,运算速度很慢,可靠性也差。于是朱斯又对Z—1进行改造,这次他采用了能控制电路自动开关的电气元件——继电器。1939年,朱斯的第二台计算机研制完成,命名为Z—2。1941年,朱斯的Z—3型计算机开始运行,这台计算机是世界上第一台采用电磁继电器进行程序控制的通用自动计算机,它用了2600个继电器,采用浮点二进制数进行运算,采用带数字存贮地址形式的指令,能进行数的四则运算和求平方根,进行一次加法用0.3秒的时间。Z—3型机器的体积只有衣柜那么大,它有一块精巧的控制面板,只要按一下面板上的按钮就能完成操作。它是世界上第一台能自动完成一连串运算的计算机。Z—3型计算机工作了3年,最终在1944年美军对柏林的空袭中毁于一旦。

1945年,朱斯又完成了Z—4型计算机的研制,它是一种比Z—3型机更先进的机电式计算机,曾在德国V—2火箭的研制中发挥作用。二战以后,朱斯创办了自己的计算机公司。Z—4型机一直工作到1958年,并曾为法国国防部效劳。朱斯公司后来研制出Z—22型计算机和电子管通用计算机Z—22R型。1966年,朱斯把他的公司出售给西门子公司。

名句箴言

我一向憎恶为自己的温饱打算的人。人是高于温饱的。

——高尔基

第一台电子计算机诞生

1946 年 2 月 15 日,对于我们现在这个信息科技时代来说应该算是一个不平凡的一天,因为在这一天,美国宾夕法尼亚大学的莫尔学院举行了隆重的仪式,庆祝世界上第一台电子计算机的诞生。揭幕式之后,人们兴致勃勃地观看了第一台电子计算机的现场表演,这台电子计算机能在 1 秒钟做 5000 次加法运算,500 次乘法运算,还计算了三角函数、平方和立方等。这台电子计算机的名字叫"电子数值积分计算机",简称 ENIAC。它的问世标志着现代科学技术进入了一个新时代——计算机时代。

前面我们也已经介绍过计算机的研究从 1822 年就开始了,当时英国科学家巴贝奇创造出一台小型差分机,1834 年他设计了分析机,其原理与现代计算机很相似。以后又有很多人研究计算机,如图灵、冯·诺依曼、维纳等都是现代计算机的先驱。

20 世纪科学技术的迅猛发展,堆积如山的数据处理问题需要解决。特别是在第二次世界大战期间,由于军事上破译密码,研制各种自动武器、大炮、高能炸弹等的需要,都迫切期待高速计算工具的出现。事实上,当时已研制成功的几台大型机电式计算机都已用于军事需要,直接为战争服务,然而这些计算机的运算速度,却远远满足不了战争的需要。

1942 年,第二次世界大战正处于白热化阶段,美国陆军军需部弹道研究所急切需要在短时间内计算出各种炮击和火箭兵器的弹道表。于是,1943 年,宾夕法尼亚大学莫尔学院电工系和设在马里兰州的陆军阿伯丁弹道研究实验室(试炮场)共同执行一项任务:每天为陆军提供 6 张火力表。每张火力表都要计算几百条弹道,一个熟练的计算员用台式计算机计算一条飞行时间为 60 秒的弹道就要花 20 小时。即使用大型微分分析机也需要 15 分钟,这样每张火力表就要计算两三个月。

面对这一紧迫而又繁重的任务,阿伯丁实验室从战争一开始就不断地对已有的微分分析机进行技术上的改进,以便提高它的运算速度。同时又专门雇用了 200 多名女计算员,日夜不停地进行人工辅助性计算,但仍不能完成任务。战争不允许这样的局面继续下去,现实向计算工具提出了强烈要求。

莫尔学院电工系的捷·莫希莱参加了制定火力表的工作。当时他 36 岁,早在 30 年代他就对计算机感兴趣,并制成了模拟计算机装置,40 年代初,他认为必须把电子管应用到计算机装置上来,1942 年夏末,他曾写过一篇题名为《高速电子管计算装置的使用》的备忘录,提出了电子计算机制造的可能性,这实际上成了第一台电子计算机的初始方案,但后来却遗失了。1943 年初,莫希莱和莫尔学院电工系工程师埃克特,根据一个秘书的速记记录重新整理了这份备忘录,并且由埃克特补写了附录,提出了如何使用硬件的具体建议。

29 岁的陆军中尉格尔斯坦,也是一位数学家,曾在密歇根大学任数学助理教授。当时是负责联系阿伯丁实验室和莫尔学院电工系的军方代表,也是莫希莱的朋友。莫希莱多次对格尔斯坦讲自己关于电子计算机的设想。思维敏捷的格尔斯坦,立即意识到这一设想对解决制造火力表困难的巨大价值,马上向他的上级吉伦上校作了汇报,并立即得到吉伦上校的热情支持。陆军军械部要求莫尔学院起草一份为阿伯丁弹道实验室研制一台电子计算机的发展计划。1943年4月2日,莫尔学院负责与阿伯丁联系的勃雷德教授便草拟了一份报告。

　　1943年4月9日,在阿伯丁了召开研制电子计算机的听证会,这是决定第一台电子计算机命运的一天。参加这一会议的有阿伯丁弹道研究所所长西蒙,美国杰出数学家韦布伦,韦布伦是陆军上校,普林斯顿高等研究院教授,他的意见举足轻重。会上听取了格尔斯坦的介绍和说明,讨论了第一台电子计算机研制成功的可能性。最后,韦布伦教授支起座椅后腿沉思片刻,接着"砰"的一声放下椅子站起来说道:"西蒙,支持这项工作吧!"于是在陆军的支持下,第一台电子计算机方案获得通过,研制工作就这样开始了。

　　1943年6月5日莫尔学院与军械部正式签订合同,并由吉伦上校建议将这台机器命名为"电子数值积分计算机",简称ENIAC(电子数值积分和计算机五个英文单词的首母缩写)。

　　莫尔学院和陆军弹道研究室立即组成一个由30多名工程师和数学家参加的研制小组(莫尔研制小组)共200多名工作人员。由莫希莱、埃克特和格尔斯坦领导这个研制小组,这批志同道合的青年科学家终于有机会聚在了一起。

领衔担任总工程师的埃克特,当时年仅 23 岁,不久前刚从莫尔学院毕业,但具有较丰富的实践经验。他领导的是一批掌握第一流技术、具有献身精神的工程师和技术人员。埃克特对工作要求非常严格,对每一部件都规定了严格的标准。莫希莱不仅是位年轻的物理学家,而且具有较强的逻辑思维能力和组织能力,他负责电子计算机的总体设计。格尔斯坦不仅是一位数学家,而且具有较强的组织和管理才能,他不仅负责计算机制造的总体管理工作,而且在数学上提供了许多有益的建议,是一名精干的组织管理人才,他们三人配合默契,可谓珠联璧合。此外,这批工作人员中还有年轻的逻辑学家勃克斯参加,著名科学家冯·诺依曼也参加了后期研制工作。

研制小组全体成员思想活跃,充分发扬学术民主的精神,经常讨论方案实施情况,因此研制工作进展顺利。经过两年的努力,到 1945 年底,ENIAC 的总装和调试全部完成。1946 年 2 月 15 日,正式举行了隆重的 ENIAC 机揭幕仪式,并且作了现场表演。

ENIAC 机总共花费 48 万美元,它结构庞大,总体积约有 90 立方米,占地 170 平方米,重 30 吨。它共用 18000 个电子管,70000 个电阻,10000 个电容,6000 个开关,1500 个继电器,运转时耗电 140 千瓦。这台电子计算机由控制、运算、存贮、输入和输出五部分组成,首次采用电子元件、电子线路(用作电子开关的符合线路、用于汇集从各个来源的脉冲的集合线路、用以计算和存贮的触发器线路)来实现逻辑运算、存贮信息。其运算速度比当时最好的机电式计算机快 1000 倍。

计算一个弹道假如人工需一个星期,而用 ENIAC 机只需 3 秒钟。19 世纪,英国人香克斯,用了毕生的精力将圆周率 π 的值计算到小数点后 707 位,而 ENIAC 机仅用 40 秒钟就打破了这项记录,并且发现香克斯的计算中第 528 位是错的,当然后面的各位也都错了。ENIAC 机具有记忆装置,有按一定程序逐步计算的自动控制能力,这就大大提高了计算的可靠性。

ENIAC 机采用了 20 只加法器,每个加法器由 10 组环形计算器组成,可存贮长 10 位的十进制数,并能同时执行几个加法或减法运算,是以后并行计算器的前身。

1947 年 ENIAC 机被运往阿伯丁弹道实验室。虽然它没有赶上第二次世界大战时使用,但它仍专门用来计算炮弹和炸弹的飞行轨道以及解决军事上的其他数学问题,直到后来经过多次改进而成为能进行各种科学计算的通用机。现在世界上第一台电子计算机存于美国博物馆,作为现代计算机的历史文物供人参观欣赏。

世界上第一台电子计算机的诞生不是偶然的,它是科学技术发展的必然产物。当时，真空电子管及电子线路的发明和发展为它提供了物质上和技术上的准备，数学理论和计算机理论的发展为它的成功提供了理论依据，一大批机电式计算机的出现为它积累了重要经验，更由于战争的急需和刺激以及大批工程技术人员和科学家的通力合作，加上决策者的远见和当机立断，这一切天时地利的条件就为第一台电子计算机的成功铺平了道路。

从本章我们了解到社会对先进计算工具多方面迫切的需要,是促使现代计算机诞生的根本动力。20世纪以后,各个科学领域和技术部门的计算困难堆积如山,已经阻碍了学科的继续发展。特别是第二次世界大战爆发期间,军事科学技术对高速计算工具的需要尤为迫切。在此期间,德国、美国、英国都在进行计算机的开拓工作,几乎同时开始了机电式计算机和电子计算机的研究。

德国的朱斯最先采用电气元件制造计算机。他在1941年制成的全自动继电器计算机Z—3,已具备浮点记数、二进制运算、数字存储地址的指令形式等现代计算机的特征。在美国,1940—1947年期间也相继制成了继电器计算机MARK—1、MARK—2、Model—1、Model—5等。不过,继电器的开关速度大约为百分之一秒,使计算机的运算速度受到很大限制。

电子计算机的开拓过程,大致经历了从制作部件到整机、从专用机到通用机、从"外加式程序"到"存储程序"的演变。1938年,美籍保加利亚学者阿塔纳索夫首先制成了电子计算机的运算部件。1943 年,英国外交部通信处制成了"巨人"电子计算机。这是一种专用的密码分析机,在第二次世界大战中得到了应用。1946 年 2 月美国宾夕法尼亚大学莫尔学院制成的大型电子数字积分计算机(ENIAC),最初也专门用于火炮弹道计算,后经多次改进而成为能进行各种科学计算的通用计算机。这台完全采用电子线路执行算术运算、逻辑运算和信息存储的计算机,运算速度比继电器计算机快 1000 倍。这就是人们常常提到的世界上第一台电子计算机。但是,这种计算机的程序仍然是外加式的,存储容量也太小,尚未完全具备现代计算机的主要特征。

重大突破

名句箴言

第一台存储程序式计算机EDSAC

　　1967 年，英国皇家科学院院士、计算技术的先驱莫里斯·威尔克斯（Maurice Vincent Wilkes）被授予第二届图灵奖，以表彰他在设计与制造出世界上第一台存储程序式电子计算机 EDSAC 以及其他许多方面的杰出贡献。

　　1913 年 6 月 26 日，威尔克斯生于英国中西部的达德利（Dudley），这里距离著名的工业重镇伯明翰仅 20 km。威尔克斯从小身体不太好，患有严重的哮喘病，于是他父亲把家迁到了气候比较宜人的斯陶尔布里（Stourbridge），这样一来，威尔克斯的健康状况有了明显好转。他在当地的爱德华四世普通中学完成了学业，并建立了对于数学、物理和无线电的爱好。当时无线电广播刚刚开始普及，威尔克斯对组装收音机十分入迷，很快就成了这方面的一个"小专家"，取得了业余无线电操作员证书，还为学校的广播站制造过一些设备。1931 年他进入剑桥的圣约翰学院，1934 年以优秀成绩毕业。之后他获得一个研究课题的合同，进入剑桥著名的卡文迪许实验室工作。这个实验室由于获得诺贝尔物理学奖的人数最多而有"诺贝尔奖的摇篮"的美称。威尔克斯在这里完成了"关于无线电波

莫里斯·威尔克斯

在电离层中的传播特性"的研究,并以此为题完成了博士论文,于 1938 年 10 月取得剑桥大学博士学位,而他的硕士学位也是在当年年初才取得的。

1938 年,欧洲上空已布满了战争的阴云,英国已开始准备对付希特勒的进攻。因此,威尔克斯很快被吸收到研制侦察潜水艇、军舰和飞机的雷达设备的项目中去。大战期间,威尔克斯辗转于法国北部的敦刻尔克(1940 年法国陷落时 30 万盟军大撤退的地方)、英国的剑桥、佩特斯哈姆、马尔文等地,参与或主持过 10cm 雷达,GL MarkI、II、III 以及 OBOE 的研制,其中 OBOE 是"将轰炸机引向轰炸目标的导航"的英文缩写。采用这种导航技术时,飞行员不需要看地图,只需按地面发来的简单指令飞行。

二战以后,威尔克斯回到剑桥大学,担任数学实验室(后改名计算机实验室)主任。1946 年 5 月,他获得了冯·诺依曼起草的 EDVAC 计算机的设计方案的一份复印件。ED-VAC 是 Electronic Discrete Variable Automatic Computer 的缩写,是宾夕法尼亚大学莫尔学院于 1945 年开始研制的一台计算机,是按存储程序思想设计的,并能对指令进行运算和修改,因而可自动修改其自身的程序。但由于工程上遇到困难,EDVAC 迟至 1952 年才完成,造成"研制开始在前,完工在后"的局面,而让威尔克斯占去先机。威尔克斯仔细研究了 EDVAC 的设计方案,8 月又亲赴美国参加了莫尔学院举办的计算机培训班,广泛地与 EDVAC 的设计研制人员进行接触、讨论,进一步弄清了它的设计思想与技术细节。回国以后,威尔克斯立即以 EDVAC 为蓝本设计自己的计算机并组织实施,起名为 EDSAC(Electronic Delay Storage Automatic Calculator,但有的文献写成 Electronic Discrete Sequential Automatic Computer)。EDSAC 采用水银延迟线作存储器,可存储 34 bit 字长的字 512 个,加法时间 1.5 ms,乘法时间 4 ms。威尔克斯还首次成功地为 EDSAC 设计了一个程序库,保存在纸带上,需要时送入计算机。但是 EDSAC 在工程实施中同样遇到了困难:不是技术,而是资金缺乏。在关键时刻,威尔克斯成功地说服了伦敦一家面包公司的老板投资该项目,终于使计划绝处逢生。1949 年 5 月 6 日,EDSAC 首次试用成功,它从带上读入一个生成平方表的程序并执行,正确地打印出结果。作为对投资的回报,Lyons 公司取得了批量生产 EDSAC 的权利,这就是于 1951 年正式投入市场的 LEO 计算机(Lyons Electronic Office),这通常被认为是世界上第一个商品化的计算机型号,因此这也成了计算机发展史上一件趣事:第一家生产出商品化计算机的厂商原先竟是面包房。Lyons 公司后来成为英国著名的"国防计算机有限公司"即 ICL 的一部分。

图灵奖是美国计算机协会于 1966 年设立的,专门奖励那些对计算机事业做出重要贡献的个人。其名称取自计算机科学的先驱、英国科学家阿伦·图灵,这个奖设立目的之一是纪念这位科学家。

图灵奖对获奖者的要求极高,评奖程序极严,一般每年只奖励一名计算机科学家,只有极少数年度有两名在同一方向上做出贡献的科学家同时获奖。因此,尽管"图灵"的奖金数额不算高,但它却是计算机界最负盛名的奖项,有"计算机界诺贝尔奖"之称。

每年,美国计算机协会将要求提名人推荐本年度的图灵奖候选人,并附加一份 200 到 500 字的文章,说明被提名者为什么应获此奖。任何人都可成为提名人。美国计算机协会将组成评选委员会对被提名者进行严格的评审,并最终确定当年的获奖者。

飞 发
速 展

Pin Y3: FID(3)   Pin W3: FID(1)

Pin Y1: FID(2)   Pin W1: FID(0)

  20 世纪中期以来,计算机一直处于高速度发展时期,计算机由仅包含硬件发展到包含硬件、软件和固件三类子系统的计算机系统。计算机系统的性能与价格比,平均每 10 年提高两个数量级。计算机种类也一再分化,发展成微型计算机、小型计算机、通用计算机(包括巨型、大型和中型计算机),以及各种专用机(如各种控制计算机、模拟—数字混合计算机)等。

  下面就以微处理器的发展历程为主线,向你讲述计算机的发展。

名句箴言

好脾气是一个人在社交中所能穿着的最佳服饰。

——都德

CPU的发展历程

对于用过电脑的人来说，好像没有人不知道 CPU 吧？CPU 是 Central Processing Unit（中央微处理器）的缩写，它是计算机中最重要的一个部分，主要由运算器和控制器组成。如果把计算机比作人，那么 CPU 就是人的大脑。CPU 的发展非常迅速，个人电脑从 8088（XT）发展到现在的 Pentium 4 时代，只经过了不到二三十年的时间。

从生产技术来说,最初的 8088 集成了 29000 个晶体管,而 Pentium Ⅲ 的集成度就已超过了 2810 万个晶体管;CPU 的运行速度,以 MIPS(百万个指令每秒)为单位,8088 是 0.75MIPS,到高能奔腾时已超过了 1000MIPS。不管什么样的 CPU,其内部结构归纳起来都可以分为控制单元、逻辑单元和存储单元三大部分,这三个部分相互协调,对命令和数据进行分析、判断、运算并控制计算机各部分协调工作。

CPU 从最初发展至今已经有三十年多年的历史了,这期间,按照其处理信息的字长,CPU 可以分为:4 位微处理器、8 位微处理器、16 位微处理器、32 位微处理器以及正在酝酿构建的 64 位微处理器,可以说个人电脑的发展是随着 CPU 的发展而前进的。

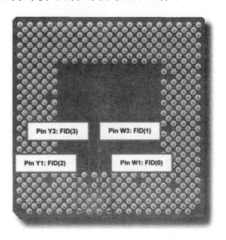

CPU

Intel 4004

1971 年,英特尔公司推出了世界上第一款微处理器 4004,这是第一个可用于微型计算机的四位微处理器,它包含了 2300 个晶体管。随后英特尔又推出了 8008,由于运算性能很差,其市场反应十分不理想。1974 年,8008 发展成 8080,成为第二代微处理器。8080 作为代替电子逻辑电路的器件被用于各种应用电路和设备中,如果没有微处理器,这些应用就无法实现。

由于微处理器可用来完成很多以前需要用较大设备完成的计算任务,价格又便宜,于是各半导体公司开始竞相生产微处理器芯片。Zilog 公司生产了 8080 的增强型 Z80,摩托罗拉公司生产了 6800,英特尔公司于 1976 年又生产了增强型 8085,但这些芯片基本没有改变 8080 的基本特点,都属于第二代微处理器。它们均采用 NMOS 工艺,集成度约 9000 只晶体管,平均指令执行时间为 $1\mu S$—$2\mu S$,采用汇编语言、BASIC、Fortran 编程,使用单用户操作系统。

Intel 8086

1978 年英特尔公司生产的 8086 是第一个 16 位的微处理器。很快 Zilog 公司和摩托罗拉公司也宣布计划生产 Z8000 和 68000。这就是第三代微处理器的起点。

8086 微处理器最高主频速度为 8MHz,具有 16 位数据通道,内存寻址能力为 1MB。同时英特尔还生产出与之相配合的数学协处理器 I8087,这两种芯片使用相互兼容的指令集,但 I8087 指令集中增加了一些专门用于对数、指数和三角函数等数学计算的指令。人们将这些指令集统一称之为 x86 指令集。虽然以后英特尔又陆续生产出第二代、第三代等更先进和更快的新型 CPU,但都仍然兼容原来的 x86 指令,而且英特尔在后续 CPU 的命名上沿用了原先的 x86 序列,直到后来因商标注册问题,才放弃了继续用阿拉伯数字命名。1979 年,英特尔公司又开发出了 8088。8086 和 8088 在芯片内部均采用 16 位数据传输,所以都称为 16 位微处理器,但 8086 每周期能传送或接收 16 位数据,而 8088 每周期只采用 8 位。因为最初的大部分设备和芯片是 8 位的,而 8088 的外部 8 位数据传送、接收能与这些设备相兼容。8088 采用 40 针的 DIP 封装,工作频率为 6.66MHz、7.16MHz 或 8MHz,微处理器集成了大约 29000 个晶体管。

8086 和 8088 问世后不久,英特尔公司就开始对他们进行改进,他们将更多功能集成在芯片上,这样就诞生了 80186 和 80188。这两款微处理器内部均以 16 位工作,在外部输入输出上 80186 采用 16 位,而 80188 和 8088 一样是采用 8 位工作。

1981 年,美国 IBM 公司将 8088 芯片用于其研制的 PC 机中,从而开创了全新的微机时代。也正是从 8088 开始,个人电脑(PC)的概念开始在全世界范围内发展起来。从 8088 应用到 IBM PC 机上开始,个人电脑真正走进了人们的工作和生活之中,它也标志着一个新时代的开始。

Intel 80286

1982 年,英特尔公司在 8086 的基础上,研制出了 80286

微处理器,该微处理器的最大主频为 20MHz,内、外部数据传输均为 16 位,使用 24 位内存储器的寻址,内存寻址能力为 16MB。80286 可工作于两种方式,一种叫实模式,另一种叫保护方式。

在实模式下,微处理器可以访问的内存总量限制在 1 兆字节;而在保护方式之下,80286 可直接访问 16 兆字节的内存。此外,80286 工作在保护方式之下,可以保护操作系统,使之不像实模式或 8086 等不受保护的微处理器那样,在遇到异常应用时会使系统停机。IBM 公司将 80286 微处理器用在先进技术微机即 AT 机中,引起了极大的轰动。80286 在以下四个方面比它的前辈有显著的改进:支持更大的内存;能够模拟内存空间;能同时运行多个任务;提高了处理速度。最早 PC 机的速度是 4MHz,第一台基于 80286 的 AT 机运行速度为 6MHz 至 8MHz,一些制造商还自行提高速度,使 80286 达到了 20MHz,这意味着性能上有了重大的进步。

80286 的封装是一种被称为 PGA 的正方形包装。PGA 是源于 PLCC 的便宜封装,它有一块内部和外部固体插脚,在这个封装中,80286 集成了大约 130000 个晶体管。

IBM PC/AT 微机的总线保持了 XT 的三层总线结构,并增加了高低位字节总线驱动器转换逻辑和高位字节总线。与 XT 机一样,CPU 也是焊接在主板上的。

那时的原装机仅指 IBM PC 机,而兼容机就是除了 IBM

PC 以外的其他机器。在当时,生产 CPU 的公司除英特尔外,还有 AMD 及西门子公司等,而人们对自己电脑用的什么 CPU 也不关心,因为 AMD 等公司生产的 CPU 几乎同英特尔的一样,直到 486 时代人们才关心起自己的 CPU 来。

8086—80286 这个时代是个人电脑起步的时代,当时在国内使用甚至见到过 PC 机的人很少,它在人们心中是一个神秘的东西。到 20 世纪 90 年代初,国内才开始普及计算机。

Intel 80386

1985 年春天的时候,英特尔公司已经成为了第一流的芯片公司,它决心全力开发新一代的 32 位核心的 CPU——80386。Intel 给 80386 设计了三个技术要点:使用"类 286"结构,开发 80387 微处理器增强浮点运算能力,开发高速缓存解决内存速度瓶颈。

1985 年 10 月 17 日,英特尔划时代的产品——80386DX 正式发布了,其内部包含 27.5 万个晶体管,时钟频率为 12.5MHz,后逐步提高到 20MHz、25MHz、33MHz,最后还有少量的 40MHz 产品。80386DX 的内部和外部数据总线是 32 位,地址总线也是 32 位,可以寻址到 4GB 内存,并可以管理 64TB 的虚拟存储空间。它的运算模式除了具有实模式和保护模式以外,还增加了一种"虚拟 86"的工作方式,可以通过同时模拟多个 8086 微处理器来提供多任务能力。

80386DX 有比 80286 更多的指令,频率为 12.5MHz 的 80386 每秒钟可执行 6 百万条指令,比频率为 16MHz 的 80286 快 2.2 倍。80386 最经典的产品为 80386DX－33MHz,一般我们说的 80386 就是指它。

由于 32 位微处理器的强大运算能力,PC 机的应用扩展到很多的领域,如商业办公和计算、工程设计和计算、数据中心、个人娱乐。80386 使 32 位 CPU 成为了 PC 工业的标准。

虽然当时 80386 没有完善和强大的浮点运算单元,但配上 80387 协处理器,80386 就可以顺利完成许多需要大量浮点运算的任务,从而顺利进入了主流的商用电脑市场。另外,30386 还有其他丰富的外围配件支持,如 82258(DMA 控制器)、8259A(中断控制器)、8272(磁盘控制器)、82385(Cache 控制器)、82062(硬盘控制器)等。针对内存的速度瓶颈,英特尔为 80386 设计了高速缓存(Cache),采取预读内存的方法来缓解这个速度瓶颈,从此以后,Cache 就和 CPU 成为了如影随形的东西。

Intel 80387/80287

严格地说,80387 并不是一块真正意义上的 CPU,而是配合 80386DX 的协处理芯片,也就是说,80387 只能协助 80386 完成浮点运算方面的功能,功能很单一。

Intel 80386SX

1989 年英特尔公司又推出准 32 位微处理器芯片

80386SX。这是 Intel 为了扩大市场份额而推出的一种较便宜的普及型 CPU,它的内部数据总线为 32 位,外部数据总线为 16 位,它可以接受为 80286 开发的 16 位输入/输出接口芯片,降低整机成本。

80386SX 推出后,受到市场的广泛的欢迎,因为80386SX 的性能大大优于 80286,而价格只是 80386 的三分之一。

Intel 80386SL/80386DL

英特尔在 1990 年推出了专门用于笔记本电脑的80386SL 和 80386DL 两种型号的 386 芯片。这两个类型的芯片可以说是 80386DX/SX 的节能型,其中,80386DL 是基于 80386DX 内核,而 80386SL 是基于 80386SX 内核的。这两种类型的芯片,不但耗电少,而且具有电源管理功能,在CPU 不工作的时候,自动切断电源供应。

Motorola 68000

摩托罗拉的 68000 是最早推出的 32 位微微处理器,当时是 1984 年,推出后,性能超群,并获得如日中天的苹果公司青睐,在自己的划时代个人电脑"PC－MAC"中采用该芯片。但 80386 推出后,日渐没落。

AMD Am386SX/DX

AMD 的 Am386SX/DX 是兼容 80386DX 的第三方芯片,性能上和英特尔的 80386DX 相差无几,也成为当时的主流产品之一。

IBM 386SLC

这个是由 IBM 在研究 80386 的基础上设计的,和 80386 完全兼容,由英特尔生产制造。386SLC 基本上是一个在 80386SX 的基础上配上内置 Cache,同时包含 80486SX 的指令集,性能也不错。

Intel 80486

1989 年,我们大家耳熟能详的 80486 芯片由英特尔推出。这款经过四年开发和 3 亿美元资金投入的芯片的伟大之处在于它首次突破了 100 万个晶体管的界限,集成了 120 万个晶体管,使用 1 微米的制造工艺。80486 的时钟频率从 25MHz 逐步提高到 33MHz、40MHz、50MHz。80486 是将 80386 和数学协微处理器 80387 以及一个 8KB 的高速缓存集成在一个芯片内。80486 中集成的 80487 的数字运算速度是以前 80387 的两倍,内部缓存缩短了微处理器与慢速 DRAM 的等待时间。并且,在 80486 系列中首次采用了 RISC(精简指令集)技术,可以在一个时钟周期内执行一条指令。它还采用了突发总线方式,大大提高了与内存的数据交换速度。由于这些改进,80486 的性能比带有 80387 数学协微处理器的 80386 DX 性能提高了 4 倍。

随着芯片技术的不断发展,CPU 的频率越来越快,而 PC 机外部设备受工艺限制,能够承受的工作频率有限,这就阻碍了 CPU 主频的进一步提高。在这种情况下,出现了 CPU 倍频技术,该技术使 CPU 内部工作频率为微处理器外频的 2—3 倍,486 DX2、486 DX4 的名字便是由此而来。

常见的 80486 CPU 有 80486 DX－33、40、50。486 CPU 与 386 DX 一样内外都是 32 位的,但是最慢的 486 CPU 也比最快的 386 CPU 要快,这是因为 486 SX/DX 执行一条指令,只需要一个振荡周期,而 386DX CPU 却需要两个周期。

因为 80486 DX CPU 具有内置的浮点协微处理器,功能强大,当然价格也就比较昂贵。为了适应普通的用户的需要,尤其是不需要进行大量浮点运算的用户,英特尔公司推出了 486 SX CPU。80486 SX 主板上一般都有 80487 协微处理器插座,如果需要浮点协微处理器的功能,可以插上一个 80487 协微处理器芯片,这样就等同于 486 DX 了。常见的 80486 SX CPU 有 80486 SX－25、33。

Intel 80486 DX2/DX4

其实这种 CPU 的名字与频率是有关的,这种 CPU 的内部频率是主板频率的两到四倍,如 80486 DX2－66,CPU 的频率是 66MHz,而主板的频率只要是 33MHz 就可以了。

Intel 80486 SL CPU

80486 SL CPU 最初是为笔记本电脑和其他便携机设计的,与 386SL 一样,这种芯片使用 3.3V 而不是 5V 电源,而且也有内部切断电路,使微处理器和其他一些可选择的部件在不工作时,处于休眠状态,这样就可以减少笔记本电脑和其他便携机的能耗,延长使用时间。

Intel 486 Over Drive

升级 486 SX 可以在主板的协微处理器插槽上安装一个 80487 SX 芯片,使其等效于 486 DX,但是这样升级后,只是增加了浮点协微处理器的能力,并没有提高系统的速度。为了提高系统的速度,还有另外一种升级的方法,就是在协微处理器插槽上插上一个 486 Over Drive CPU,它的原理与 486 DX2 CPU 一样,其内部操作速度可以是外部速度的两倍。如一个 20MHz 的主板上安插了 Over Drive CPU 之后,CPU 内部的操作速度可以达到 40MHz。486 Over Drive CPU 也有浮点协微处理器的功能,常见的有:Over Drive—50、66、80。

TI 486 DX

作为全球知名的半导体厂商之一,美国德州仪器(TI)也在 486 时代异军突起,它自行生产了 486 DX 系列 CPU,尤其在 486DX2 成为主流后,其 DX2—80 因较高的性价比成为当时主流产品之一,TI 486 最高主频为 DX4—100,但其后再也没有进入过 CPU 市场。

Cyrix 486DLC

这是 Cyrix 公司生产的 486 CPU,说它是 486 CPU,是指它的效率上逼近 486 CPU,却并不是严格意义上的 486

CPU,这是由 486 CPU 的特点而定的。486DLC CPU 只是将 386DX CPU 与 1K Cache 组合在一块芯片里,没有内含浮点协微处理器,执行一条指令需要两个振荡周期。但是由于 486DLC CPU 设计精巧,486DLC－33 CPU 的效率逼近英特尔公司的 486 SX－25,而 486DLC－40 CPU 则超过了 486 SX－25,并且 486DLC－40 CPU 的价格比 486 SX－25便宜。486DLC CPU 是为了升级 386DM 而设计的,如果原来有一台 386 电脑,想升级到 486,但是又不想更换主板,就可以拔下原来的 386 CPU,插上一块 486DLC CPU 就可以了。

Cyrix 5x86

自从英特尔另辟蹊径,开发了 Pentium 之后,Cyrix 也很快推出了自己的新一代产品 5x86。它仍然沿用原来 486 系列的 CPU 插座,而将主频从 100MHz 提高到 120MHz。5x86 比起 486 来说性能是有所增加,可是比起 Pentium 来说,不但浮点性能远远不足,就连 Cyrix 一向自豪的整数运算性能也不那么高超,给人一种比上不足比下有余的感觉。由于 5x86 可以使用 486 的主板,因此一般将它看成是过渡产品。

AMD 5x86

AMD 486DX 是 AMD 公司在 486 市场的利器,它内置 16KB 回写缓存,并且开始了单周期多指令的时代,还具有分页虚拟内存管理技术。由于后期 TI 推出了 486DX2－80,价格非常低,英特尔又推出了 Pentium 系列,AMD 为了抢占市场的空缺,推出了 5x86 系列 CPU。它是 486 级最高主频的产品,为 5x86-120 及 133。它采用了一体的 16K 回写缓存,0.35 微米工艺,33×4 的 133 频率,性能直指 Pentiun75,并且功耗要小于 Pentium。

Intel Pentium

1993 年,全面超越 486 的新一代 586 CPU 问世,为了摆脱 486 时代微处理器名称混乱的困扰,英特尔公司把自己的新一代产品命名为 Pentium(奔腾)以区别 AMD 和 Cyrix 的产品。AMD 和 Cyrix 也分别推出了 K5 和 6x86 微处理器来对付芯片巨人,但是由于奔腾微处理器的性能最佳,英特尔逐渐占据了大部分市场。

Pentium 最初级的 CPU 是 Pentium 60 和 Pentium 66,分别工作在与系统总线频率相同的 60MHz 和 66MHz 两种频率下,没有我们现在所说的倍频设置。

早期的奔腾 75MHz—120MHz 使用 0.5 微米的制造工艺,后期 120MHz 频率以上的奔腾则改用 0.35 微米工艺。经典奔腾的性能相当平均,整数运算和浮点运算都不错。

VIA CyrixⅢ

VIA 公司在收购 Cyrix 之后,同期正式推出了代号为 Joshua 的第一款微处理器,它采用 0.18 微米工艺制造,Socket 370 架构,支持 133MHz 外频,并拥有 256KB L2

Cache 及 3D NOW 指令集。

另外，VIA 后来还推出了采用新一代 Samuel 核心的 Cyrix Ⅲ 微处理器，它加入新一代的 3D NOW 多媒体指令集，提供 133MHz 系统外频，128K 一级高速缓存，采用 0.18 微米制造工艺生产，芯片面积仅 76 平方毫米。它还采用了动态电源缓存结构（Dynamic Power Caching Architecture，DPCA）技术，使新 Cyrix Ⅲ 微处理器的耗电量已不到 10 瓦，因此新 Cyrix Ⅲ 微处理器也可适用在笔记型电脑或其他 VIA 产品上。

无论你怎样地表示愤怒，都不要做出任何无法挽回的事来。

——培根

名句箴言

人工智能

人工智能（AI）是计算机科学与心理学相结合而产生的研究用计算机实现人的智能行为和功能的一门学科。人工智能的智能范畴一般包括人的智能行为，如图像和声音识别、学习、计划、决策、解决问题、自然语言理解等；也可指人的内部认知反映功能和过程，如知觉、记忆、思维等。人工智能研究编制模拟上述行为功能的计算机程序。

人工智能的基本过程为智能模拟,其依据是人工智能系统(计算机系统)与活体智能系统(心理认知反映系统)之间假设并已证实的可类比性。智能模拟的基本步骤为:①系统模型设计。②计算机程序编制。③程序调试及系统修正。其中最重要的是系统模型设计,它一般包含建立与模拟对象有关的知识系统和找出具体描述对象的方法。心理认知模拟的系统模型必须建立在心理学实验的基础上,并通过与人的行为比较来验证假设模型。程序编制的工具为计算机语言,用于人工智能的专门语言有 LISP、PROLOG 等。

人工智能系统的两个最基本概念是:符号系统和信息加工过程。最早的符号加工的设想,即所谓图灵机,出现于1936 年。但真正的智能模拟尝试则是电子计算机发明之后。50 年代中期,美国人工智能先驱、计算机学家 A. 纽厄尔、肖和西蒙于 1956 年合作第一次用计算机模仿人的思维活动来解决复杂的问题。他们创始了启发式程序,避免了庞大数量的推理步骤。这种符号信息加工是以数理逻辑中的产生式为理论基础的。专家系统和知识工程中的知识表示和推理规则,大多数都是用产生式的形式写的。符号信息加工理论假设脑有一些基本信息加工器,它们有记录、测检、比较、选择或取消某个符号的功能。至于这些加工器是以怎样的结构和形式进行活动的,却未予说明。因此,符号信息加工理论的倡导者承认心理活动的低级水平(如视觉)是平行加工的,但对高级水平的心理活动(如思维、推理)能否平行加工则表示怀疑。

日本设想其第五代计算机依靠大规模集成电路、极大的知识库、高速度的逻辑推理和对自然语言及图像的理解能力,达到使计算机具有智能的目的。美国的科学家认识到,智能的奥秘必须由多学科进行综合研究,包括心理学、语言学和人工智能的综合研究,称为认知科学。1985年鲁梅哈特等提出了一个多层次的非线性网络模型:这种网络有自学习、自组织、自适应能力,大大增强了信息处理、模式识别、建立专家系统的能力。这一模型称为平行分布加工。这种理论远比符号信息处理或知觉机的理论更接近于人的智能活动。平行分布加工网络模型奠定了认知科学的理论基础,而认知科学又提高了人工智能的研究水平。

人工智能是一门极富挑战性的科学,从事这项工作的人必须懂得计算机知识,心理学和哲学。人工智能是包括十分广泛的科学,它由不同的领域组成,如机器学习,计算机视觉等等,总的说来,人工智能的目的就是让计算机这台机器能够像人一样思考。这可是不是一个容易的事情。如果希望做出一台能够思考的机器,那就必须知识什么是思考,更进一步讲就是什么是智慧,它的表现是什么,你可以说科学家有智慧,可你决不会说一个路人什么也不会,没有知识,你同样不敢说一个孩子没有智慧,可对于机器你就不敢说它有智慧了吧,那么智慧是如何分辨的呢？我们说的话,我们做的事情,我们的想法如同泉水一样从大脑中流出,如此自然,可是机器能够吗,那么什么样的机器才是智慧的呢？科学家已经作出了汽车,火车,飞机,收音机等等,它们模仿我们身体器官的功能,但是能不能模仿人类大脑的功能呢？到目前为止,我们也仅仅知道这个装在我们头盖骨里面的东西是由数十亿个神经细胞组成的器官,我们对这个东西知之甚少,模仿它或许是天下最困难的事情了。

在定义智慧时,英国科学家图灵做出了重大贡献,如果一台机器能够通过称之为图灵实验的实验,那它就是智慧的,图灵实验的本质就是让人在不看外形的情况下不能区别是机器的行为还是人的行为时,这个机器就是智慧的。不要以为图灵只做出这一点贡献就会名垂表史,如果你是学计算机的就会知道,对于计算机人士而言,获得图灵奖就等于物理学家获得诺贝尔奖一样,图灵在理论上奠定了计算机产生的基础,没有他的杰出贡献世界上根本不可能有这个东西,更不用说什么网络了。

科学家早在计算机出现之前就已经希望能够制造出可能模拟人类思维的机器了,在这方面我们还要提到另外一个杰出的数学家,哲学家布尔,通过对人类思维进行数学化精确地刻画,他和其他杰出的科学家一起奠定了智慧机器的思维结构与方法,今天我们的计算机内使用的逻辑基础正是他所创立的。

任何学过计算机的人对布尔一定不会陌生,我们所学的布尔代数,就是由它开创的。当计算机出现后,人类开始真正有了一个可以模拟人类思维的工具了,在以后的岁月中,无数科学家为这个目标努力着,现在人工智能已经不再是几个科学家的专利了,全世界几乎所有大学的计算机系都有人在研究这门学科,学习计算机的大学生也必须学习这样一门课程,在大家不懈的努力下,现在计算机似乎已经变得十分聪明了,国际象棋大赛中,计算机把人给胜了,这是人们都知道的,大家或许不会注意到,在一些地方计算机已经开始帮助人进行其他原来只属于人类的工作,计算机以它的高速和准确为人类发挥着它的作用。人工智能始终是计算机科学的前沿学科,计算机编程语言和其他计算机软件都因为有了人工智能的进展而得以存在。

现在人类已经把计算机的计算能力提高到了前所未有的地步,而人工智能也在 21 世纪领导计算机发展的潮流,现在人工智能的发展因为受到理论上的限制不是很明显,但它必将像今天的网络一样深远地影响我们的生活。

在世界各地对人工智能的研究很早就开始了,但对人工智能的真正实现要从计算机的诞生开始算起，这时人类才有可能以机器的实现人类的智能。"Artificial Intelligence"（AI）这个词最早是在 1956 年的一次会议上提出的，在此以后，一些科学家的努力使它得以发展。人工智能的进展并不像我们期待的那样迅速，因为人工智能的基本理论还不完整，我们还不能从本质上解释我们的大脑为什么能够思考，这种思考来自于什么，这种思考为什么得以产生等一系列问题。但经过这几十年的发展，人工智能正在以它巨大的力量影响着人们的生活。

让我们顺着人工智能的发展来回顾一下计算机的发展，在 1941 年由美国和德国两国共同研制的第一台计算机诞生了，从此以后人类存储和处理信息的方法开始发生革命性的变化。第一台计算机的体型可不算太好，它比较胖，还比较娇气，需要工作在有空调的房间里，如果希望它处理什么事情，需要大家把线路重新接一次，这可不是一件省力气的活儿，把成千上万的线重新焊一下那么现在的程序员应该算是生活在天堂中了。

终于在 1949 发明了可以存储程序的计算机，这样，编程程序总算可以不用焊了，好多了。因此编程变得十分简单，计算机理论的发展终于导致了人工智能理论的产生。人们总算可以找到一个存储信息和自动处理信息的方法了。

虽然现在看来这种新机器已经可以实现部分人类的智力，但是直到 20 世纪 50 年代人们才把人类智力和这种新机器联系起来。诺伯特·威诺（Norbert Wiener）在反馈理论上的研究最终让他提出了一个论断，所有人类智力的结果都是一种反馈的结果，通过不断地将结果反馈给机体而产生的动作，进而产生了智能。抽水马桶就是一个十分好的例子，水之所以不会常流不断，正是因为有一个装置在检测水位的变化，如果水太多了，就把水管给关了，这就实现了反馈，是一种负反馈。如果连我们厕所里的装置都可以实现反馈了，那我们应该可以用一种机器实现反馈，进而实现人类智力的机器形式重现。这种想法对于人工智能早期的有着重大的影响。

在 1955 的时候，香农与一些人一起开发了 The Logic Theorist（逻辑理论）程序，它是一种采用树形结构的程序，在程序运行时，它在树中搜索，寻找与可能答案最接近的树的分枝进行探索，以得到正确的答案。这个程序在人工智能的历史上可以说是有重要地位的，它在学术上和社会上带来的巨大的影响，以至于我们现在所采用的思想方法有许多还是来自于这个 50 年代的程序。

1956 年，作为人工智能领域另一位著名科学家的麦卡希召集了一次会议来讨论人工智能未来的发展方向。从那时起，人工智能的名字才正式确立，这次会议在人工智能历史上不是巨大的成功，但是这次会议给了人工智能奠基人相互交流的机会，并为未来人工智能的发展起了铺垫的作用。在此以后，工人智能的重点开始变为建立实用的能够自行解决问题的系统，并要求系统有自学能力。在1957年，香农和另一些人又开发了一个程序称为 General Problem Solver(一般问题解决者，简称 GPS)，它是对威诺的反馈理论一个扩展，并能够解决一些比较普遍的问题。别的科学家在努力开发系统时，麦卡希作出了一项重大的贡献，他创建了表处理语言 LISP，直到现在许多人工智能程序还在使用这种语言，它几乎成了人工智能的代名词，到了今天，LISP 仍然在发展。

在1963年，麻省理工学院受到了美国政府和国防部的支持进行人工智能的研究，美国政府不是为了别的，而是为了在冷战中保持与苏联的均衡，虽然这个目的是带点火药味的，但是它的结果却使人工智能得到了巨大的发展。其后发展出的许多程序十分引人注目，麻省理工学院开发出了 SHRDLU。在这个大发展的60年代，STUDENT 系统可以解决代数问题，而 SIR 系统则开始理解简单的英文句子了，SIR 的出现导致了新学科的出现：自然语言处理。在70年代出现的专家系统成了一个巨大的进步，他头一次让人知道计算机可以代替人类专家进行一些工作了，由于计算机硬件性能的提高，人工智能得以进行一系列重要的活动,如统计分析数据,参与医疗诊断等等,它作为生活的重要方面开始改变人类生活了。在理论方面,70年代也是大发展的一个时期,计算机开始有了简单的思维和视觉,而不能不提的是在70年代,另一个人工智能语言Prolog(序言)语言诞生了,它和LISP一起几乎成了人工智能工作者不可缺少的工具。不要以为人工智能离我们很远,它已经在进入我们的生活,模糊控制,决策支持等等方面都有人工智能的影子。让计算机这个机器代替人类进行简单的智力活动,把人类解放用于其他更有益的工作,这是人工智能的目的,但对科学真理的无尽追求才应该是最终的动力吧。

1956年夏天,美国达特默斯大学举行了一次重要的人工智能讨论会,对人工智能开展了两个月的讨论。这次会议的发起人是著名的人工智能专家麦卡希、明斯基、罗彻斯特和香农,一大批年轻学者参加了这次人工智能讨论会,他们之中有美国国际商用机器公司(IBM)的摩尔和塞缪尔、麻省理工学院的赛尔夫利奇和索罗孟夫、兰德公司和卡勒奇工科大学的纽厄尔和西蒙等。

这次会议是人工智能科学诞生的重要标志,因为它首次正式使用了人工智能的概念。从此,美国形成了几个以人工智能为目标的研究集体,进行了开创性的研究工作。

起初,人工智能的研究主要集中在智力游戏上,这也是最简单易行的领域。1955 年,国际商用机器公司的塞缪尔选择下棋游戏为人工智能研究的突破口,这是人们最熟悉,也最容易进行智力比较的项目,在人类智力活动中有代表性。他创造了能自组织、自适应、自学习、积累经验的跳棋机,一举轰动了全世界。塞缪尔跳棋机以对策论和起动式搜索技术在计算机上编制出跳棋程序,像一名优秀的棋手那样预先看出往下的几步棋,与对手进行比赛。1959 年,这台跳棋机战胜了程序设计者本人;1962 年,击败了美国一个州的跳棋冠军尼利,达到冠军级水平。它还能记住 17500 幅棋谱,从中猜测出书中所推荐的最佳走法。直到今天,这台跳棋机仍然是博弈程序的最高水平和成就之一。

1956 年,纽厄尔和西蒙从心理学角度出发,用心理学的新成果研究人工智能,制造出逻辑理论家的程序,用来证明数学定理。定理证明需要逻辑推理,是人类智能的集中表现。研究者把人们解题过程中的心理活动总结成一系列规律和法则,并用计算机模拟这些规则,使计算机表现出各种证明问题的智能。他们用这个程序证明了罗素《数学原理》第二章 38 个定理,正确无误。接着,纽厄尔和西蒙又创立了通用问题求解机程序。这个程序可以求解不定积分、三角函数、代数方程等十几个不同性质的课题。

用计算机证明四色问题,是人工智能成果的一个典型代表。

四色问题又称四色猜想,是世界近代三大数学难题之一。

四色问题的内容是:"任何一张地图只用四种颜色就能使具有共同边界的国家着上不同的颜色。"用数学语言表示,即"将平面任意地细分为不相重叠的区域,每一个区域总可以用 1,2,3,4 这四个数字之一来标记,而不会使相邻的两个区域得到相同的数字。"

1840 年,德国数学家麦比乌斯发现,在任何一张平面或球面地图上,所有国家和地区只要用四种颜色就能标记清楚,彼此分开。一百多年来,地图就是这样绘制的,不需要五种颜色,三种颜色又肯定不够用,这是为什么呢,理论上没有回答。1878 年伦敦国际数学会议上,英国数学家凯来把这个问题叫作四色猜想。很多著名数学家和无数业余爱好者,都对此问题解决感兴趣,花费了巨大精力和时间,但一直没能证明这个猜想的正确性。1976 年 9 月,美国伊利诺伊大学青年数学家阿佩尔和黑肯,用计算机证明了这个问题,使四色猜想变成四色定理。从某种意义上说,电脑的智能超过了几代数学家。

利用计算机代替人来翻译,是考察机器智能的重要方面。耶鲁大学曾研制出一个计算机程序,取名为"老古董",它可以阅读英语、西班牙语和汉语新闻稿,并能很正确地用一句话写出合乎逻辑、语法的摘要。1978 年,用这个程序编写关于人类学家玛格利特·米德逝世的新闻稿,全稿共 600 字,结果摘要为:"人类学家玛格利特·米德(76 岁)因患癌症去世。"完全通顺、合理。这个程序还能进行概念的联系,当提到火这个词时,就能联系到燃烧、火灾、烧死人、消防队等有关的词。有一篇关于提供膳食寄宿处失火的 400 字新闻稿,计算机利用老古董程序编的摘要为"弗明顿一座供膳食的寄宿处失火,死亡 25 人,烧伤 7 人,房屋烧毁"。用这个程序编写新闻稿摘要,数年只出现两次错误,比人用自己的头脑工作效果还要好。

人工智能在逻辑推理和条件选择和判断上也显示了自己的水平。美国耶鲁大学编制的塞勒斯程序,专门用于分析有关美国前国务卿塞勒斯·万斯的新闻报道。其中有人查询万斯夫人是否与当时苏联领导人勃列日涅夫的夫人会过面。这是个程序判断,这个问题的答案可能存在于万斯和勃列日涅夫同时在场的外交活动中,因为这种场合他们双方的夫人在场的可能性最大。又因为发现万斯和勃列日涅夫由他们的夫人陪同出席过一次招待会,由此推断出她们会过面,因为在外交活动招待会上肯定要介绍这两位夫人,在这种场合她们彼此会见、交谈是必然的。

人工智能与人的智能谁更强一些?人工智能是否会超过人的智能?这是自机器人发展和计算机出现后的老问题。到目前,科学家和哲学家都没有得出结论,答案只能在实践中寻找。

1969 年的一天,美国斯坦福大学实验室中正在进行一个著名的实验:科学家们正注视着一个机器人,它的名字叫赛克,它装配着一部电脑,并带有视觉功能的装置。赛克正在做猴子摘香蕉的著名智力实验,它必须爬到屋子中间的平台上,把那里的一只箱子推下来。实验开始时,赛克走向平台,绕着平台转了足足 20 分钟,还是没有办法爬上平台。于是,他停下来。环顾四周,忽然发现屋角有一块斜面板,便沉思了片刻,走到房角,把斜面板推到平台旁边,安放好,然后由斜面板爬上平台,终于把箱子推到地板上来,实验成功了,前后一共花了半个小时。

世界上的很多活动和大部分工作,多数是非数学性的,只有很小一部分是以数学公式为核心的。生物学、地质学、医学、法律、企业管理等领域中,思考问题主要是靠推论,而不是靠计算。从 20 世纪 60 年代起到 80 年代,人工智能的研究,也朝着全面模拟人的智能行为目标前进,对求解、博弈、证明、翻译、视觉等进行广泛探索,建立了许多以前只有人的大脑才能完成的智能系统。将有关专家的知识、经验总结出来,形成规律和法则,并把它们以适当的形式存入计算机,建立起知识库;然后用适合的控制,按输入的原始数据进行合理的推理、演绎,做出判断和决策,并能根据用户的要求显示如何做出判断决策的过程;这就相当于以专家的知识为基础，在专家水平上工作，这样的计算机系统就叫专家系统。

目前在国际上比较著名的专家系统有化学、医学、地质等方面的程序，还有其他许多广泛应用的专家系统。

1969年，美国斯坦福大学的费根鲍姆等研制成功一个化学专家系统。它可以用来确定有机化合物的分子结构式，而该系统输入的原始数据是有机物的分子式和质谱图。在这个系统内部，根据化学家的知识和质谱仪的知识，构成两个新的系统，甚至超过了年轻博士的能力，在大学和工业化学实验室广泛使用。

1977年斯坦福大学又设计了一个医疗诊断专家系统。这个系统集中了很多高水平医生和科学家的知识和经验，在不知道原始病情的条件下，用抗生素来治疗血液细菌感染患者。输入系统的原始数据是患者的症状、病史和化验结果，系统内部应用了400多条规则，组成有关血液细菌感染的知识库。

这个专家系统可以用简单英语直接和查询的内科医生对话、回答问题，也可吸收新的医疗知识，这个专家系统诊断和治疗达到专家水平，而明显超过非专家的内科医生。这个系统在美国旧金山太平洋医学中心的日常诊治中经常使用。

与此同时，斯坦福国际系统研究所研制一个勘探矿藏的专家系统,名字叫勘探者。这个系统由 20 名地质学家提供的有关硫化物、银锌矿、硫化镍矿的模型及专门知识,350个语义网络,200 多条规则,200 种矿石类别,250 种矿物和500 种矿物岩石的同义词。可自动成图绘出探矿钻孔地点,其对矿床的预报达到地质专家的水平。

1983 年 8 月,美国华盛顿召开全美人工智能会议,在会议期间,美国通用动力公司展出一个万能修理机专家系统。它含有 500 多条修理机车的规则,具有一个高级工程师的专门知识和权威水平,能解决铁道工业中的各种修理作业。1984 年,美国研制的两个机器人,同欢乐的人群一起载歌载舞,动作节奏与乐曲配合恰到好处,十分引人入胜,这说明人工智能的水平相当高。

与机器人和人工智能发展相伴随,关于机器人和人工智能的争论一直没有停止。1983 年 9 月,美国人工智能专家费根鲍姆出版了《第五代计算机:人工智能和日本计算机对世界的挑战》,对人工智能的争论发表了系统评论。费根鲍姆指出,反对人工智能的论点基本分为四类;一是攻击人工智能是江湖骗子,认为机器从来不思考;二是机器不会有独创性和自主性,因此机器不能达到人的创造性思维;三是目前还没有机器思维的先例;四是如果机器真的能思维,人工智能达到或超过人类自身的智能,机器人统治真人怎么办?

飞速发展

　　然而,人类总是不断前进的,人工智能的研究也是不断发展的,科学不会停止,不久的将来一定会出现高水平的人工智能机器人,使人类社会发生新的巨大变革。

前面我们介绍了几家世界顶尖级的芯片制造商生产的芯片,在这里我再向读者介绍一下这几家大芯片制造公司的状况。

Intel 公司简介

Intel 公司是世界上最大的 CPU 生产厂家,也是 FLASH、嵌入式 CPU 和以太网接口芯片的主要供应商。它成立于 1968 年,具有 35 年产品创新和市场领导的历史。1971 年,英特尔推出了全球第一个微处理器。这一举措不仅改变了公司的未来,而且对整个工业生产产生了深远的影响。微处理器所带来的计算机和互联网革命,改变了这个世界。

2002 年 2 月,英特尔被美国《财富》周刊评选为全球十大"最受推崇的公司"之一,名列第九。2002 年接近尾声,美国《财富》杂志根据各公司在 2002 年度业务的表现、员工水平、管理质量、公司投资价值等六大准则排出了"2002 年度最佳公司"。在这一排行榜上,英特尔公司荣登全球榜首。同时,在"2002 全球最佳雇主"排行榜上,英特尔公司名列第 28 位。

2003 年 5 月,《哈佛商业周刊·中文版》公布"2002 年度中国最佳雇主"名单,英特尔(中国)有限公司名列第八。这是由全球著名人力资源公司——海威特全球人力公司资源(Hewitt HR Global Consulting Firm)和《哈佛商业周刊·中文版》通过一项联合举办的企业内部员工调查结果评选出来的。2002 年,英特尔公司的收入为 268 亿美元,净收入为 31 亿美元。2003 年 7 月 18 日,英特尔公司成立 35 周年。英特尔公司首席执行官贝瑞特博士回顾说:"35 年来,我们不懈地追求优秀与完美,这为我们能够不断推出创新理念并保持创新能力奠定了坚实的基础,也使得英特尔能在全球竞争最为激烈的行业中始终处于领先地位。我们的努力让世界发生了翻天覆地的变化,我们还将继续改变世界的未来,这也正是我们今天值得庆祝的。"

英特尔为全球日益发展的计算机工业提供建筑模块,包括微处理器、芯片组、板卡、系统及软件等。这些产品为标准计算机架构的组成部分。业界利用这些产品为最终用户设计制造出先进的计算机。今天,互联网的日益发展不仅正在改变商业运作的模式,而且也改变着人们的工作、生活、娱乐方式,成为全球经济发展的重要推动力。作为全球信息产业的领导公司之一,英特尔公司致力于在客户机、服务器、网络通信、互联网解决方案和互联网服务方面为日益兴起的全球互联网经济提供建筑模块。

英特尔在中国(大陆)设有 13 个代表处,分布在北京、上海、广州、深圳、成都、重庆、沈阳、济南、福州、南京、西安、哈尔滨、武汉。公司的亚太区总部在香港特别行政区。英特尔在中国亦设有研究中心,即英特尔中国实验室,由 4 个不同研究中心组成,于 2000 年 10 月宣布成立。该中国实验室主要针对计算机的未来应用和产品的开发进行研究,旨在促进中国采用先进技术方面的进程,从而进一步推动国内互联网经济的发展。此外,英特尔中国实验室还负责协调该实验室与英特尔全球其他实验室的研究协作,以及资助国内高校和研究机构的研究项目的开发工作。英特尔公司全球副总裁兼首席技术官帕特·基辛格直接领导英特尔中国实验室的工作。

英特尔在中国的使命:英特尔公司在中国的业务重点与其全球业务重点相一致,即成为全球互联网经济的构造模块的杰出供应商。除此之外,英特尔始终致力于成为推动中国信息技术发展的基石。在中国，这一战略可从英特尔在中国的一系列活动中得到反映：技术启动：英特尔在中国设有英特尔中国实验室，由 4 个不同研究领域的实验室组成。如英特尔中国实验室，隶属于英特尔微处理器研究实验室，主要研究面向微处理器和平台架构的相关工作，推动英特尔处理器架构（IA）技术在业界的领导地位。

具体研究领域包括音频/视频信号处理和基于 PC 的相关应用，以及可以推动未来微结构和下一代处理器设计的高级编译技术和运行时刻系统研究。另外还有英特尔中国软件实验室、英特尔架构开发实验室、英特尔互联网交换架构实验室、英特尔无线技术开发中心。除此之外，英特尔还与国内著名大学和研究机构，如中国科学院计算所，针对 IA－64 位编译器进行了共同研究开发，并取得了可喜的成绩。

2002 年 10 月，英特尔公司宣布在深圳成立英特尔亚太区应用设计中心（ADC）。该中心面向中国计算和通信行业的 OEM 与 ODM 厂商，旨在满足他们对世界一流设计与校验服务的需求，并帮助他们为客户开发更出色的产品英特尔亚太地区应用设计中心（深圳）将为亚太区包括深圳和中国其他地区的客户就近提供先进的产品开发和技术支持服务,以协助亚太地区及中国的客户强化其在全球的竞争实力,并且促进这些客户相互间的合作。英特尔还通过战略投资事业部(Intel Capital)在中国进行 IT 技术方面的投资,以促进中国型技术,如无线通信技术等方面的发展,从而促进全球互联网经济的发展。

迄今为止,英特尔的战略投资事业部已向亚太地区进行风险投资近 6 亿美元,其中在中国的投资近 30 家。

今天,英特尔在上海设有投资 5 亿美元的芯片测试和封装的工厂,为快闪存储器、I845 芯片组和奔腾 4 处理器提供基于 0.13 微米工艺的世界一流的封装与测试,并为全球提供最高性能处理器产品;同时,也培养了大批的国内掌握世界一流芯片生产制造技术的知识工人。

英特尔公司始终把协助推动中国计算机工业和互联网经济的发展作为公司在中国的首要策略。英特尔(中国)有限公司从 2000 年开始赞助 ISEF 中国区联系赛事。这一赛事被称为"中国青少年科学技术与创新大赛",由中国科学技术协会主办。2001 年,中国派出 16 名学生参加在美国加州硅谷举行的第 52 届英特尔国际科学与工程大奖赛,赢得了 17 项大奖,包括奖品、

奖金及奖学金共计 87000 美元。2002 年,英特尔 ISEF
在中国区的联系赛事在各地共吸引了 1500 万名中学
生参加,其中有 21 名成绩优异的学生将被选派赴美参
加 5 月在肯塔基州举办的第 53 届英特尔国际科学与
工程大奖赛。2000 年 7 月,英特尔未来教育项目在中
国启动。

经过一年的时间,拟截至 2002 年底,在中国共培训
教师达 100,000 名,该项目在全国的 18 个省市展开,北
京市、长春市、重庆市、甘肃省、海南省、河北省、内蒙古
自治区、江苏省、上海市、陕西省、天津市、新疆维吾尔自
治区、浙江省、淄博市开展实施了,得到中国教育部的大
力支持和肯定,更获得各地教委和参加培训的老师的热
烈欢迎。另外,为了更好地普及电脑教育,英特尔自
1997 年开始与国内电脑厂商合作,在全国 16 个城市开
设了"英特尔电脑小博士工作室",分别分布在北京、上
海、广州、深圳、成都、天津、西安、沈阳、青岛、温州、杭
州、济南、西藏、哈尔滨、无锡、南京,共培训家庭 130 万
人次。

英特尔自 1985 年进入中国以来,便将"与中国信息
产业共同成长"视为己任。与国内 OEM 厂商、独立软件
开发商、通信设备制造商、解决方案供应商和无线通信

厂商进行了密切广泛的合作。自 2000 年至今,英特尔每年在中国召开春秋两季的"英特尔信息技术峰会"(Intel Developer Forum),与国内业界及时分享信息技术发展的趋势。2003 年 3 月 12 日,英特尔在中国与全球同步推出了英特尔—迅驰—移动计算技术,它为移动计算的笔记本电脑用户提供了史无前例的、完全摆脱线缆束缚的"无线自由"的集计算和通讯之融合的体验。

IBM 公司简介

IBM,即国际商业机器公司,1911 年创立于美国,是全球最大的信息技术和业务解决方案公司,目前拥有全球雇员 31 万多人,业务遍及 160 多个国家和地区。2004 年,IBM 公司的全球营业收入达到 965 亿美元。

在过去的 90 多年里,世界经济不断发展,现代科学日新月异,IBM 始终以超前的技术、出色的管理和独树一帜的产品领导着全球信息工业的发展,保证了世界范围内几乎所有行业用户对信息处理的全方位需求。众所周知,早在 1969 年,阿波罗宇宙飞船载着三名宇航员,肩负着人类的使命,首次登上了月球;1981 年哥伦比亚号航天飞机又成功地飞上了太空。这两次历史性的太空飞行都凝聚着 IBM 无与伦比的智慧。

IBM 与中国的业务关系源远流长。早在 1934 年，IBM 公司就为北京协和医院安装了第一台商用处理机。1979 年，在与中国中断联系近 30 年之后，IBM 伴随着中国的改革开放再次来到中国。同年在沈阳鼓风机厂安装了中华人民共和国成立后的第一台 IBM 中型计算机。

随着中国改革开放的不断深入，IBM 在华业务日益扩大。80 年代中后期，IBM 先后在北京、上海设立了办事处。1992 年 IBM 在北京正式宣布成立国际商业机器中国有限公司，这是 IBM 在中国的独资企业。此举使 IBM 在实施其在华战略中迈出了实质性的一步，掀开了在华业务的新篇章。随后的 1993 年，IBM 中国有限公司又在广州和上海建立了分公司。到目前为止，IBM 在中国的办事机构进一步扩展至哈尔滨、沈阳、深圳、南京、杭州、成都、西安、武汉、福州、重庆、长沙、昆明和乌鲁木齐等 16 个城市，从而进一步扩大了在华业务覆盖面。伴随着 IBM 在中国的发展，IBM 中国员工队伍不断壮大，目前已超过 5000 人。除此之外，IBM 还成立了 8 家合资和独资公司，分别负责制造、软件开发、服务和租赁的业务。

IBM 非常注重对技术研发的投入。1995 年，IBM

在中国成立了中国研究中心,是 IBM 全球八大研究中心之一,现有 150 多位中国的计算机专家为其工作。随后在 1999 年又率先在中国成立了软件开发中心,现有近 2000 位中国软件工程师专攻整合中间件,数据库,Linux 等领域的产品开发。

20 多年来,IBM 的各类信息系统已成为中国金融、电信、冶金、石化、交通、商品流通、政府和教育等许多重要业务领域中最可靠的信息技术手段。IBM 的客户遍及中国经济的各条战线。

与此同时,IBM 在多个重要领域占据着领先的市场份额,包括:服务器、存储、服务、软件和笔记本电脑等。

取诸社会,回馈社会,造福人类,是 IBM 一贯奉行的原则。IBM 积极支持中国的教育事业并在社区活动中有出色的表现。

IBM 与中国高校合作关系的开始可追溯到 1984 年,当年 IBM 为中国高校作了一系列计算机设备硬件和软件的捐赠。1995 年 3 月,以 IBM 与中国国家教委(现教育部)签署合作谅解备忘录为标志,"IBM 中国高校合作项目"正式启动,这一长期全面合作关系的基本宗旨是致力于加强中国高校在信息科学技术领域的学科建设和人才培养。10 年来,IBM 中国高校合作项目不断向着更高的水平、更深的层次和更广的领域发展,对中国高校信息技术相关专业的学科建设和人才培养起到了积极的推动作用。

自 1995 年以来,IBM 已向中国高校捐赠了价值人民币 10.1 亿元的计算机设备、软件及服务。此外,通过与教育部在基础教育领域的合作,IBM 向中国教育机构捐赠的设备总价值达人民币 3177 万元。迄今为止,IBM 对中国教育机构的捐赠已高达人民币 10.4 亿元。

在高校合作项目方面,目前 IBM 已与 50 多所中国知名高校建立了合作关系。30 万人次学生参加了 IBM 技术相关课程的学习和培训,3.7 万人次学生获得 IBM 全球专业技术认证证书,3000 人次教师参加了 IBM 组织的不同形式的师资培训。

除了在高等教育领域与中国教育界进行合作之外,IBM 还将合作范围积极拓展到基础教育领域。继 2001 年 IBM Kid Smart"小小探索者"儿童早期智力开发工程引入中国以来,IBM 已经连续 4 年在中国开展了这一项目。目前 IBM 已与遍及全国各省、市、自治区共 38 个城市的近 400 所幼教机构进行合作,捐赠了 1600 套 Kid Smart 儿童电脑学习中心。

自 2003 年起,IBM 与教育部进一步合作,在北京、上海、广州和成都的 12 所小学开展了 Reinventing Edu-cation"基础教育创新教学项目",采取更多、更有价值的支持方式,把国外成熟的经验和资源引入中国,并充分结合中国的现状和需求,更好地帮助学校借助 IT 手段提高教学效果。

通过上述两个项目,共有 6000 多名基础教育领域的骨干教师接受了 IBM 的免费培训,10 万名儿童受益。

2003 年,IBM Try Science Around the World"放眼看科学"青少年科普项目在中国正式启动。通过这个项目,IBM 向中国的科技馆捐赠电脑终端,终端通过高速网络与异地服务器相连并将服务器上的丰富内容呈现给科技馆的访问者。"放眼看科学"内容涵盖了生态考古、太空探索、极限运动、海洋生物等多个方面,为青少年打开了一道接触科普知识、了解科学概念的全新大门。目前,IBM 已向 6 个城市的科技馆捐赠了 25 套 IBM Try Science Kiosk 多媒体终端。

对于 IBM 在中国的出色表现和突出贡献,媒体给予了 IBM 十分的肯定。IBM 先后被评为"中国最受尊敬企业""中国最受尊敬的外商投资企业""中国最具有价值的品牌""中国最佳雇主"等。IBM 大中华地区董事长兼首席执行总裁周伟焜先生从 2001 年到 2004 年连续被评为年度 IT 财富人物。2004 年,IBM 中国公司被《财富》杂志中文版评选为"中国最受赞赏的公司",并荣居榜首。

IBM 的第七任 CEO 郭士纳先生在谈到 IBM 中国公司的时候,曾经深情地说:"IBM 怀着对中国的承诺,为中国建立一家世界上首屈一指的信息技术公司。它设在中国,为中国人服务,有朝一日也为全世界服务。IBM 中国公司必将会成为'中国的 IBM 公司',成为中国经济的一部分。"回顾 IBM 在中国的成长历程,从最初的战略尝试阶段,到中期的战略投资阶段,再到全面融入阶段,IBM 始终怀着对中国的深切承诺。

2004 年,IBM 与中国的合作伙伴关系进一步加强:IBM 在上海成立了亚太总部;与联想公司进行战略合作,共同发展个人电脑业务;长城公司共同组建了长城国际系统科技(深圳)有限公司,从事服务器生产。

2005 年,IBM 在中国发布了三大战略方向,即:保持快速成长;加强以解决方案和服务为核心的高价值业务和用创新帮助中国客户成功转型并提升其执行力、生产力和竞争力。

今天,新时代的 IBM 中国公司,正秉承"成就客户、创新为要、诚信负责"的核心价值观,引领中国客户共同走向随需应变的转型之路。

在过去的80多年里，世界经济不断发展，现代科学日新月异，IBM始终以超前的技术，出色的管理和独树一帜的产品领导着信息产业的发展，保证了世界范围内几乎所有行业用户对信息处理的全方位需求。众所周知，早在1969年，阿波罗宇宙飞船载着三名宇航员，肩负着人类的使命，首次登上了月球；1981年哥伦比亚号航天飞机又成功地飞上了天空。这两次历史性的太空飞行都凝聚着IBM无与伦比的智慧。IBM的事业就像宇宙飞船一样永远向着更高的目标不断奋进，造福人类。

摩托罗拉简介

摩托罗拉公司创立于1928年，是世界财富百强企业之一，是全球通讯行业的领导者。为客户提供无缝移动通信产品和解决方案。业务范围涵盖了宽带通信、嵌入式系统和无线网络等领域，无论是在家里、在车里、在办公地点还是其他任何地方，无缝移动通信让你随时随地联系到想联系的人、事物和信息。无缝移动通信最大限度地发挥了技术融合的力量，使通信变得更加智能、快捷、灵活，而且成本更低。摩托罗拉2004年的销售额为

313 亿美元。公司现任董事长、首席执行官是爱德华·詹德。摩托罗拉公司有四大业务集团,分别是移动终端事业部、网络事业部、政府及企业移动解决方案和宽带联网事业部。

摩托罗拉公司于 1987 年进入中国,首先在北京设立办事处,于 1992 年在天津注册成立摩托罗拉(中国)电子有限公司,目前主要产品有手机、对讲机、无线通信设备、汽车电子等,产品销售到中国和世界其他市场。目前,在祖国大陆有 3 家独资企业,1 家控股公司,15 个研发中心,5 家合资企业和 22 家分公司,员工 9000 多人。截至目前,摩托罗拉公司在中国投资总额约为 35 亿美元,是中国最大的外商投资企业之一。

2004 年摩托罗拉中国公司市场销售额为 33.9 亿美元(约 279 亿元人民币),较 2003 年增长 35%;出口总额达 69.5 亿美元(约 574 亿元人民币),较 2003 年增长 67%,包括中国公司出口额 51.4 亿美元(约 426 亿元人民币)和国际采购出口额 18.1 亿美元(约 149 亿元人民币);本地采购总额 38.1 亿美元(约 319 亿元人民币),较 2003 年增长 17%。

摩托罗拉公司致力于不断的技术开发与创新,一直是全球研发的领导者。摩托罗拉公司 2004 年的研发投入达 30.6 亿美元。

自 1993 年在中国建立首个研发中心以来，摩托罗拉在中国已经有 15 家研发中心，分别分布在北京、天津、上海、南京以及成都，约有 1850 余名研发人员，是摩托罗拉世界级的研发中心之一。摩托罗拉公司与多所大学实验室及其他研究机构也有良好合作。如今，摩托罗拉中国研究院已成为外国公司在中国建立的最大的研发机构。

摩托罗拉在中国的主要研发方向有：先进材料研究、软件开发、移动通信产品研发、最新移动通信解决方案、3G 移动通信、汽车电子产品的研发、Power PC 的应用开发以及人机交互技术在未来软件和硬件产品中的应用、电池及其他电子产品的附件等。

2004 年底，摩托罗拉（中国）技术有限公司成立，该公司整合了摩托罗拉中国公司现有的研发力量。目前，风行全球的手机产品中，有多款都是出自摩托罗拉中国研发工程师之手，无可争议地树立了中国在全球研发系统中的重要地位。

AMD 公司简介

AMD 是 Advanced Micro Devices 的缩写。AMD 是

一家业务遍及全球,专门为计算机、通信和消费电子行业设计和制造创新微处理器、闪存和低功率处理器解决方案。AMD 致力于帮助其客户为技术用户——从企业、政府机构到个人消费者——提供基于标准的、以客户为中心的解决方案。

从 1969 公司成立至今,AMD 已经走过了 36 年的历程。但 AMD 真正为世人广为瞩目的只是近几年的事。这标志着一个全新 AMD 的兴起。

继 2004 年 9 月,AMD 大中华区总部正式宣布在京成立之后,AMD 广结联盟,连续赢利,继续创造着一个又一个辉煌。"全新的 AMD"正改变着整个计算行业的格局。同时,AMD 还成就了众多业界的"第一"。

AMD 董事会主席兼首席执行官鲁毅智博士在 2005 年 3 月来华时表示:"大中华区是全球最活跃的技术市场之一,在 AMD 全球战略中具有无可比拟的重要地位。信息技术将使中国成为世界经济增长的亮点,AMD 将致力在信息技术领域为中国经济的增长贡献自己的力量。"

AMD 全球副总裁兼 AMD 大中华区总裁郭可尊认为:"致力中国经济发展、与中国 IT 行业共兴共荣是AMD 的战略性承诺。AMD 一直坚持以客户为本,推动创新的战略,面对未来日益增长的商业计算需求,我们以创新、强大计算架构和坚定的发展方向牢牢地占据了市场的领导地位。面对日新月异的计算时代,AMD 有信心和国内的客户一起稳健成长。"

AMD 首先开始推出了高性能和无缝移植 32 位,拥有强大的 64 位计算优势的 AMD64 技术;在合作伙伴的支持下,AMD 率先在中国个人电脑市场推出 64 位计算。2005 年,AMD 再开行业之先河,推出了双核心处理器。迄今为止,全球已经有超过 2000 家软硬件开发商、OEM 和分销商宣布支持 AMD64 技术。在中国,AMD 已与众多 OEM 厂商建立联盟,其中包括联想、方正、清华紫光、曙光等中国公司,以及 IBM、HP、Sun 等全球领先的计算机制造商。"福布斯全球企业 2000 强"前 100 位的公司或其所属企业中,超过 85 家公司采用了 AMD64 位技术。很好地印证了 AMD64 位技术及皓龙处理器的出色性能。

AMD 中国大事记

投资:

• 作为全球领先的半导体制造商,AMD 于 1993 年进入中国,一直致力于研发与提供世界前沿科技。

• 2004 年 5 月,AMD(中国)有限公司正式宣布成立,落户北京中关村科技园。AMD 中国公司成立之后,增扩了在本地的研发、客户支持、生产和销售运作规模。

• 2004 年 9 月,AMD 大中华区总部正式宣布在京成立。该总部将以北京作为中心,统辖 AMD 在祖国大陆、香港和台湾地区的所有业务。

• 2005 年 3 月,AMD 公司在苏州工业园新落成的 CPU 封装测试厂隆重举行开业典礼,庆祝 AMD 在华芯片生产工厂正式投产。

• 2005 年 6 月,"AMD 广西 64 位软件开发中心"揭牌仪式在南宁市国家高新技术产业开发区举行。

• 2005 年 10 月 24 日,AMD 大中华区总部正式落户中关村科技园区,从而更好地贴近客户,贴近合作伙伴,洞悉市场,提高竞争能力,与中国信息产业共同成长。

合作伙伴:

• 2004 年 3 月,AMD 与曙光共同启动 64 位应用"燎原计划";与方正集团宣布缔结 64 位应用战略合作联盟。

• 2004 年 6 月,AMD 与联想集团联合推出基于 AMD 速龙 TM64(Athlon 64)处理器的联想锋行 V 系列电脑;8 月,联想又推出基于 AMD 闪龙 TM(Sempron)处理器的台式机电脑,掀起电脑普及运动。

· 2005 年 2 月,AMD 与微软合作,为全球的微软技术中心(MTC)提供第一批基于 x86 的 64 位服务器。微软计划在北美、欧洲和亚洲的 MTC 部署和使用采用基于 AMD 皓龙 TM(Opteron)处理器的企业级 HP Pro-Liant DL145 和 DL585 服务器。

· 2005 年 5 月,AMD 与江苏中科梦兰电子科技有限公司合作,在"赢向未来"大策略联盟所属的所有网吧中,全面部署基于速龙 64 处理器的"爱码"品牌解决方案。

· 2005 年 6 月 8 日,AMD 公司在中国又获得一家全新的 OEM 厂商支持——方佳电脑,其全线产品全部采用 AMD 处理器。

· 2005 年 7 月 26 日,AMD 与联想共同举行联想 AMD 网吧精英俱乐部大会,深入的探讨网吧产业发展。

· 2005 年 8 月 16 日,AMD 参加了首届吉林网络文化节,获得当地政府的赞赏与支持。

· 2005 年 8 月 23 日,AMD 作为曙光合作伙伴参与到曙光"中国高性能计算普及万里行"活动,为高性能计算在国内的普及做出贡献。

· 2005 年 9 月 14 日,Sun 再出创举,率先推出基于

AMD 双核皓龙处理器的企业级 64 位 Galaxy 系列服务器。这是 Sun 公司在 x86 服务器市场开放标准的创新，更是 AMD 双核皓龙处理器的一项殊荣。

• 2005 年 9 月 20 日，AMD 与国内知名 IT 企业长虹朝华在北京举行战略联盟暨 MOU 签字仪式，宣布双方将在数字家庭的策略、产品和服务等方面开展一系列战略合作。

产品：

• 2003 年 4 月 22 日，AMD 推出全球首款 x86 兼容的 64 位处理器——AMD 皓龙（Opteron）处理器，是当时最高性能的 2 路和 4 路服务器处理器。

• 2003 年 9 月 23 日，AMD 推出全球第一款、也是当时唯一一款 Windows 兼容的 64 位个人电脑处理器——AMD 速龙 TM（Athlon）64 FX。

• 2004 年 7 月 28 日，AMD 推出 AMD 闪龙（Sempron）处理器，这一全新的处理器系列为追求实用价值的台式机和笔记本电脑用户重新定义了日常计算。

• 2004 年 8 月 31 日，AMD 向业界展示了首款 x86 双内核处理器。

• 2005 年 4 月 19 日，AMD 公司在华正式发布 AMD 炫龙（Turion）64 移动计算技术，以开放架构引领移动市场全面普及 64 位计算。

· 2005 年 5 月 11 日，AMD 公司在华正式发布全球首款面向服务器和工作站的企业级 x86 双核计算平台——AMD 双核皓龙（Opteron）处理器。在曙光、HP、IBM 和 Sun 等众多国内外 OEM 厂商的大力支持下，采用 AMD 双核皓龙（Opteron）处理器的服务器和工作站产品也同步推出。

· 2005 年 5 月 31 日，AMD 推出 AMD 双核速龙 TM(Athlon)64 x2 处理器"节约计算时间"，为准专业用户和数字媒体爱好者利用出色性能和多任务功能获得自由。

· 2005 年 8 月 4 日，AMD 与中国惠普合作推出基于 AMD 闪龙和炫龙 64 移动处理器的 HP ZE2200 系列笔记本电脑。

· 2005 年 8 月 9 日，AMD 与方佳电脑合作，推出基于速龙 64 处理器，面向高端游戏领域的酷龙系列台式机。

获奖情况：

· 2004 年 2 月 AMD Opteron（皓龙）处理器的 848 型号又赢得了 Microprocessor Report（微处理器汇报）的分析师选择奖，成为该刊的 2003 年度最佳服务器处理

器。AMD 的处理器以其创新技术连续四年获 In—Stat/
MDR 分析师颁发这个奖项。自从 2003 年 4 月及 9 月相
继推出 AMD Opteron（皓龙）处理器及 AMD Athlon 64
处理器以来，AMD64 处理器已在世界各地赢得 36 个顶
级大奖。

• 2005 年 1 月 13 日，在由中国科学院和中国工程
院 584 名院士投票评选的 2004 年中国和世界十大科技
进展新闻的评选中，由曙光计算机公司开发的、采用
AMD 64 位皓龙 TM（Opteron）处理器的每秒 10 万亿次
高性能计算机曙光 4000A 启用并跻身世界十强并名列
中国十大科技进展新闻头条。

• 2005 年 1 月 24 日，由中国计算机用户协会主办
的"中国信息产业 2005 年度行业采购首选品牌"评选活
动授予 AMD 皓龙 TM（Opteron）处理器以及 AMD 速龙
（Athlon）64 处理器"中国 2005 年度行业采购首选品
牌"奖。

• 2005 年 3 月，美国环保署（EPA）向 AMD 公司创
新的凉又静（Cool′n′Quiet TM）技术授予了能源之星认
证，以表彰 AMD 在提高计算机能源利用效率方面所做
的努力。

• 2005 年 6 月 17 日，AMD 双核皓龙 TM（Opteron)处理器荣获"2005 年 Tech－Ed 最佳"奖，这是 AMD64 技术连续两年在微软为 IT 专业人士和开发商举办的盛会上获此殊荣。